意志ある人生
時代を先導した先人たち

月尾　嘉男

遊行社

まえがき

スイスの研究機関が毎年発表する世界六〇数カ国の国力の評価で、一九九〇年代前半の日本は世界一位と評価され、実際に自動車生産でアメリカを上回り、半導体生産で世界の半分以上を占有する大国でした。しかし以後、日本の地位は急速に低下しはじめ、現在では三〇位前後を低迷しています。

その背景に存在するのは世界全体が情報社会に移行しはじめた巨大な転換への対応に出遅れたことです。それを端的に証明する数値は世界の上場企業の株式時価総額の順位です。一九八九年には上位二〇社に一四社の日本の企業が登場していましたが、現在では上位五〇社に一社が登場するだけです。

この低迷の状況から脱却するためには二種の条件が必要です。第一は社会の構造が工業社会から情報社会への転換という数百年間に一回という巨大な変化が発生したことを認識すること、第二は時代の転換を直感して未来を目指して現状を突破する人材の登場が必要ということです。

今回、紹介した二三名の人々は時代も一二世紀から現代まで、出身でも日本だけではなく世界の様々な地域と広範ですが、共通するのは自身が登場した時代背景や社会条件に拘束されることなく、長期の視点で社会を見通し、目指す目標を実現してきた人々ということです。

このような視点から活動しようとする人々の参考になればと、『モルゲン』のウェブサイトと季刊雑誌『パーセー』に紹介してきた人物紹介を一冊に集約したのが本書で、これまで遊行社から発刊していただいた『清々しき人々』（二〇一八）、『凛々たる人生』（二〇二一）、『爽快なる人生』（二〇二三）の続刊になります。

これらに掲載した古今東西の人物は九五名になり、それぞれの偉人については多数の詳細な伝記が存在しますが、簡略に偉業を理解するために役立てば光栄です。今回で『モルゲン』での連載を終了しますが、九年もの長期の期間、執筆の機会をいただいた遊行社の本間千枝子編集長以下の皆様に感謝します。

令和六年初夏

月尾嘉男

目次

騒乱の時代に歌人となった武士

西行

（一一一八―一一九〇）

欲望の渦巻く王朝

どのような国家にも企業にも組織には栄枯盛衰を回避できない宿命があります。紀元前六六〇年に神武天皇が即位されて以来、二七〇〇年近く、一二六代の天皇が一系で存続してきたとされる日本は世界でも稀有な存在ですが、それでも何回も存続の危機に直面しています。その一回が三九〇年近く継続した平安時代から鎌倉時代へ移行した時期です。その主要な原因は企業の存続にも共通する縁故主義（ネポティズム）でした。

平安時代後期の太政大臣であった藤原道長の「この世をば／我が世とぞ思ふ／望月の／欠けたることも／なしと思へば」という和歌が象徴するように、道長は天皇一家との姻戚関係で第六六代一条天皇から第七三代堀河天皇まで八人の天皇を一族から誕生させています。その一人である第七二代白河天皇も源平合戦で入水する第八一代安徳天皇まで九人の天皇を姻戚関係から輩出し、絶大な権力を維持していました。

この白河天皇は一〇八七（応徳三）年に第三皇子である八歳の善仁親王を第七三代堀河天皇とし、自身は上皇として院政を実施し政治を牛耳ります。そして自身の身辺を警護するため住居である仙洞御所に北面武士を常駐させる体制を整備しました。堀河天皇の皇子である第七四代鳥羽天皇が一一二三（保安四）年に退位して上皇となっていた時期に、一八歳で北面武士として出仕したのが、今回、紹介する西行です。

北面武士から僧侶へ転身

出家する以前の俗名が佐藤義清《のりきよ》の西行は武士であり、天皇を警護する役職であった佐藤康清の子供として一一一八（元永元）年に誕生しました。天皇から紀伊国田仲荘（現在の和歌山県紀の川市）を領地として付与されており、そこで西行は誕生したと推定されています。一一三五（保延元）年からは北面武士として出仕します。その時期には平治の乱に勝利して太政大臣になる同年の平清盛も北面武士として出仕していました。

ところが六年が経過した一一四〇（保延六）年に突然、義清は出家して西行と名乗るようになります。二三歳でした。その動機には諸説ありますが、親友が死亡したという理由や、高貴な女性に失恋したという理由が推定されています。さらに仏教への信仰が社会に流行していたことも影響しているかもしれません。当時、仏法は王法より上位にある、すなわち仏教は政治より重要であるとされ、僧侶は関所の通行も自由でした。

実際、一一二四（保安五）年に白河法皇は高野山に行幸しているし、翌年には鳥羽上皇などとともに熊野大社にも参詣しています。さらに還幸の直後には殺生の厳禁を発令します。一一二七（大治二）年には再度、法皇と上皇は高野山に行幸しています。このような社会の風潮とともに、平忠盛が瀬戸内海の海賊の首領を逮捕する功績があり、その子供で西行と同業の清盛が出世したことも出家に影響したのかもしれません。

さらに西行に影響をもたらしたのが京都の嵐山にある法輪寺に空仁という僧侶を訪問したことです。連歌の達人でもあり素晴らしい人柄にも魅了され、何度も訪問するうちに出家の意思を堅固にしていきます。そして「惜しむとて／惜しまれぬべき／この世かは／身を捨ててこそ／身をも助けめ」という覚悟を表明した一首とともに一一四〇（保延六）年一〇月に出家し、年末から鞍馬の奥地に生活するようになります。

白河以北の陸奥を行脚

鞍馬での生活は「わりなしや／氷る筧の／水ゆえに／思い捨ててし／春の待ちた

る」という状態でしたが、出家した翌年の一一四一（永治元）年に宮中で異変が発生します。鳥羽上皇が出家して法皇となり、崇徳天皇を廃位にし、三歳の実子を近衛天皇にしたのです。そこで崇徳天皇の母親の待賢門院（藤原璋子）は出家することになります。さらに一一四五（天養二）年に璋子が逝去し、西行の人生に影響をもたらします。
出家してしばらくは京都周辺の東山、嵯峨、鞍馬などの草庵を転々としながら生活していましたが、その時期に陸奥を行脚しています。陸奥という文字が象徴するように、現在の福島県白河市にある白河の関所以北は「みちのく」と名付けられ、朝廷の権力の域外です。そのような地域を目指した理由は明確ではありませんが、一説では待賢門院もしくは鳥羽天皇の皇后である美福門院に失恋したことが原因とされています。

この時期の西行の行動は明確ではなく、生涯に約二三〇〇首の和歌を制作している多作の作家が「白河の／関屋を月の／もるからに／人の心を／とむるなりけり」という一首のみしか伝承されていないことも沈滞した気持ちであったことを推察させます。作家の富士正晴は西行の伝記に、この和歌は空洞のようで感動のない閑散とした印象をもたらすと記載していますが、失恋の旅路と理解すれば、納得できる風情です。

崇徳上皇の御陵を訪問

陸奥の行脚から帰京した西行は、これも明確ではありませんが、一一四九年頃に高野山に移動したとされます。三二歳でした。この五月に落雷によって高野山の大塔や金堂が焼滅しており、宮中に人脈のある西行は再建のための勧進の役割を期待されたと想像されます。この前後から、天皇の地位さえ政治に利用する長年の勝手な縁故主義の宮中人事の破綻が表面に噴出してくるとともに、京都は何度も火災に見舞われます。

このような災害も加勢して白河上皇の専横による宮中人事の崩壊の兆候が次第に出始めてきましたが、孫の鳥羽上皇の一一五六（保元元）年の崩御を契機に、当然のように発生したのが子供の崇徳上皇と現役の後白河天皇の朝廷の勢力が二分して衝突する「保元の乱」でした。合戦は数日で後白河天皇側の勝利で決着しました。崇徳上皇は讃岐に配流され、多数の貴族は幽閉や流罪、武士は斬刑とされました。

西行は讃岐に配流された崇徳上皇には頻繁に和歌を送付していました。一例として「その日より／落つる涙を／形見にて／思い忘るる／時の間もなし」という上皇への追

崇徳院（歌川国芳）

慕の気持ちを表現した一首もあります。しかし一一六四（長寛二）年に上皇は配流の土地で四六歳の人生を終了します。そして三年が経過した六七（仁安二）年に西行は四国へと旅立ちます。親友の僧侶の西住と同行の予定でしたが、都合ができ出発は一人でした。

四国を目指した経路は明確ではありませんが、記録されている和歌から推定すると、岡山の児島あたりから瀬戸内海の塩飽《しわく》群島を経由して四国に到着したようです。四国での旅程も明確ではありませんが、四国霊場八一番札所になっている白峰寺にある崇徳院陵に参詣しているようです。この参詣については「よしや君／昔の玉の／ゆかとても／かからむ後は／何にかはせむ」という一首のみが記録されています。

江戸時代後期に出版された上田秋成の読本『雨月物語』の冒頭の「白峰」は西行が崇徳院陵に参詣して崇徳上皇の亡霊と対話するという内容ですし、崇徳上皇が怨霊となる場面を描写した有名絵師の錦絵も江戸時代に何枚も製作されており、「保元の乱」は有名な史実でした。上皇は歌人としても評価されており、小倉百人一首には「瀬をはやみ／岩にせかるる／滝川の／われても末に／あわむとぞ思う」が採択されています。

最後の奉公の旅路

このような時期から平氏、とりわけ統率する清盛の強引な挙動が顕著になります。一一六七（仁安二）年には太政大臣となり、七一年には長女の徳子を後白河法皇の猶子として高倉天皇に入内させ、翌年には皇后にします。そして七八年に誕生した第一王子の言仁を二歳で第八一代安徳天皇にしました。それとともに京都から現在の神戸市中央区一帯の福原に遷都を意図するという横暴さで、源平合戦の契機となります。

そのような京都周辺の混乱の時期を回避するかのように、西行は一一八〇（治承四）

年に伊勢に移動します。高野山の復興に目処がついたとともに温暖な海沿いの土地に移動したということのようです。ここでは伊勢神宮の神官の歌詠みの仲間と静穏な生活をします。この時期に西行の和歌とされる伊勢神宮を題材にした「何事の／おわしますかは／知らねども／かたじけなさに／涙こぼるる」が伝承されています。

しかし、この静穏な生活をしていた西行に重要な依頼が到来します。一一八一（治承四）年の年末、平氏に反抗を表明する南都（奈良）の仏教寺院を討伐するため、清盛の命令によって平氏の軍勢が東大寺や興福寺など仏教寺院を焼討ちにしました。その戦乱で焼滅した大仏殿の再建の勧進を、再興の中心となった大勧進職の重源から依頼されたのです。そこで西行は八六（文治二）年に陸奥へ旅立つことになります。

すでに六九歳になっていた西行にとっては決死の覚悟の旅行であり「頼めおかむ／君も心や／なぐさむと／帰らむことは／いっとなくとも」という複雑な心境を吐露して七月に出発しました。途中、鎌倉では創設直後の鎌倉幕府を訪問して頼朝と談話をしており、西行がそれなりの有名な人物であったことが理解できます。それ以後は一〇月に平泉に到着し、陸奥を支配する藤原秀衡の世話で越冬し、翌年春に帰京しました。

この勧進旅行の成果の記録はありませんが、秀衡の遺骸が中尊寺金色堂の金棺に納棺されているように、奥州は世界有数の金生産地でしたから成果はあったと想像されます。帰郷した西行は当初、京都の嵯峨に生活しますが、河内国弘川村に移動し、一一九〇（建久元）年に入寂しました。晩年の「願はくは／花の下にて／春死なむ／そのきさらぎの／望月のころ」という和歌のように逝去したことでも有名です。

ポルトガルを世界に飛躍させた

エンリケ航海王子

（一三九四―一四六〇）

大国であったポルトガル

イベリア半島の大西洋側にあるポルトガルの人口は約一〇〇〇万人で世界八八位、国内総生産は二五〇〇億ドルで四七位、国土面積は九万平方キロメートルで一一一位という目立たない国家です。しかし、五〇〇年前には世界を二分する大国でした。一四九四年にローマ教皇アレクサンデル六世の勅書により、新規に発見された土地は大西洋上の中央の子午線より東側はポルトガルの領土、西側はスペインの領土と決定されていたからです。

その名残は南米大陸に存在します。現在、そこには一二の国家がありますが、国語は一一カ国がスペイン語で、ブラジルのみポルトガル語を使用しています。それはトルデシリャス条約と名付けられた前述の勅書が成立した直後の一五〇〇年にポルトガルの船団がブラジルを発見しますが、そこは世界を二分する子午線の東側に位置していたからです。さらにアフリカ大陸や東南アジアにも同様の理由でポルトガルの領土が点在していました。

発見のモニュメント

この世界帝国の出現に貢献した人々を記念するモニュメントがポルトガルの首都リスボンの川岸に建造されています。帆船を表現する高さ五二メートルの巨大な彫刻は「発見のモニュメント」と名付けられ、東側に一六名、西側に一五名の彫像が設置されています。それらはV・ダ・ガマ、B・ディアス、F・マゼランなどポルトガルを世界に飛躍させた人々ですが、その先頭に屹立しているのが、発展を指揮したエンリケ航海王子です。

武勇で活躍した王子

現在、ポルトガルとスペインが存在するイベリア半島は、かつてキリスト教国とイスラム教国の衝突の前線でした。七世紀初期にアラビア半島に登場したイスラム教徒はアフリカ北部を征服しながら西進、七一一年にジブラルタル海峡を横断してイベリア半島に上陸し、一時は半島全体を支配します。スペイン南部のグラナダにある世界遺産のアルハンブラ宮殿はイスラム様式の建物ですが、それは前述のような背景があるからです。

そこで八世紀初期からキリスト教国がイスラム教徒からイベリア半島を奪還する八〇〇年近い闘争が開始されますが、これはレコンキスタ（国土回復）と名付けられています。その経緯は省略しますが、今回の話題に関係するのが現在のポルトガルの位置に一三八五年に成立したポルトガル王国アヴィス王朝です。初代国王はジョアン一世で、その三男として一三九四年に誕生したのがエンリケ王子で、「発見のモニュメント」の先頭の人物です。

エンリケは二一歳になった一四一四年、父親とともにジブラルタル海峡の対岸のアフリカにあるイスラム勢力の拠点セウタの攻撃に参加します。この戦闘での活躍はエンリケに騎士の称号と公爵の地位をもたらしますが、それ以上に偉大な歴史を開拓する運命を若者にもたらしました。西欧社会からは未踏であったアフリカ大陸の西岸を探検することや、さらに大陸の南端を周回してインドへ到達する航路を開拓する野望が芽生えたのです。

王子の村落を創設

この野望を実現するため、遠征から帰国した一四一六年にポルトガルの国土の最南西端で大西洋に突出したサグレスという場所に「ヴィラ・ド・インファンテ（王子の村落）」という施設を建設しました。ここは一五八七年になって、有名な海軍提督F・ドレークの指揮するイギリス艦隊の襲撃によって完全に破壊されてしまったため、現在では詳細不明ですが、大型帆船の設計と建造、船乗りの訓練、地図の収集などをしていたとされています。

大型帆船では三本マストの「カラベル」を開発しアフリカ沿岸の航海に利用していました。地図は資金を投入して収集しました。現在でも海図は外国の人間に販売しない国々もありますが、当時は国家機密でした。ドイツの作家S・ツヴァイクの小説『マゼラン』に、マゼランが世界一周を決意したのはポルトガル王室の秘密文庫秘蔵のドイツの地理学者M・ベハイムの世界地図を一瞥できたからという文章がありますが、当時の状況を象徴する挿話です。

マデイラ諸島の発見

紀元前五世紀の古代ギリシャの作家ヘロドトスに『歴史』という史書がありますが、そこに地中海域で活躍していたフェニキアという海洋民族の船団が紀元前七世紀に紅海から出発してアフリカ大陸の東岸を南下し、南端を回遊して西岸を北上してジブラルタル海峡を通過して三年かけてアフリカ大陸を一周したと記載されています。この真偽は長年検討されてきましたが、海流や風向などから判断して実話という見解が主流になっています。

当然、多数の文献を収集して研究していたエンリケもフェニキアの人々の航海は承知していましたが、当時の情報を収集するとアフリカ大陸の南部の土地は不毛であり、海洋は沸騰しているというような状況でした。しかし不屈の王子は挑戦を開始します。最初の契機はセウタ攻略に参戦したJ・G・ザルコとT・V・テシュイラという二人の若者がエンリケに面会し、本国は不況で生活も大変なので仕事を手伝わせてほしいと依頼してきたことです。

そこでエンリケは二隻の帆船でアフリカ西岸を南下する航海を命令しました。二隻は途中で強風のため漂流しますが、偶然にもマデイラ諸島の小島ポルト・サントに漂着しました。位置はアフリカ大陸から六〇〇キロメートルの西方でした。帰国してエンリケに報告すると、もう一隻の帆船を追加して入植するよう命令されます。ところがウサギを野放しにしたため、二年で丸裸の土地になってしまい仕方なく帰国しました。

しかし不屈のエンリケは付近に陸地を発見するように再度航海させます。その結果、一四二四年にポルト・サントの四七キロメートル南側に奄美大島に匹敵する面積七四一平方キロメートルのマデイラ本島が発見されました。エンリケは本格開発を決断して人々を入植させ、木材の輸出とともにサトウキビやブドウを栽培させます。二五年後には八〇〇〇人が生活し、砂糖やワインを生産するようになります。これが有名なマデイラワイン誕生の経緯です。

カナリア諸島の発見

さらなる発見は本国から一〇〇〇キロメートル西方の大西洋上にあるアゾレス諸島です。エンリケの派遣したF・G・ヴェーリョの船団が一四三一年に発見し、四五年頃から入植が開始されます。九島からなり、合計面積は二三五五平方キロメートルで大西洋上の中央に位置するため中継基地として発展し、現在は二四万人が居住しています。二一世紀になって、紀元前二世紀までアフリカ大陸北部にあったカルタゴの人々が到来していた遺跡が発見されています。

さらにエンリケが目指したのがアフリカ大陸から一〇〇キロメートルの沖合にあるカナリア諸島でした。ここには一五世紀初頭からスペインのカスティーリャ王国が入植を開始していましたが、エンリケは一四二五年以降、三度も軍隊を派遣して奪取しようとしますが失敗し、四八年には群島の一島であるランサローテを金銭で購入しますが、結局はエンリケの死後の一四七九年に全体は正式にカスティーリャ王国の領土となって決着します。

アフリカ大陸西端に到達

そこで本来の目標であるアフリカ西岸の探検に回帰します。最初の目標はカナリア諸島の南側の北緯二六度にあるボハドル岬でした。地図では平坦な海岸のようですが、海中に岩礁が延々と伸長しており、岸伝いで航海していた時代には多数の帆船が難破している恐怖の海域でした。そこでエンリケは一四三三年に配下のG・エアネスに探検を命令しますが、エアネスは途中で帰還してしまいます。しかし、エンリケの命令で再度、挑戦し見事に岬越えに成功しました。

ここでエンリケの冒険は一旦停止し、一四三七年にイスラム教徒が占領するアフリカ北部のタンジールに派兵しますが、フェルディナンド王子が捕虜になる失敗で、エンリケの戦闘指揮能力は不評となり、以後はアフリカ航路の開拓に集中します。その結果、四一年にはボハドル岬から七〇〇キロメートル南側のブランコ岬、四四年には、後年、アフリカ大陸南端に到達するB・ディアスの父親D・ディアスがアフリカ大陸の西端ヴェルデ岬に到達しました。

これによってポルトガルの船隊はアフリカ南部から金鉱を調達して帆船で大量に母国に運搬するようになり、ポルトガルの経済は発展し、一四五二年には最初の金貨が発行されるまでになります。さらに探検は進行し、多数の帆船がヴェルデ岬を中継地点として南下し、一四六〇年には現在のシエラレオネ付近まで到達するようになります。しかし、その一四六〇年にポルトガルを大国にしたエンリケは王子の村落で死亡しました。六六歳でした。

アフリカ大陸南端を周回

エンリケが目指したアフリカ南端の周回航路の発見は、ジョアン二世が継承します。まず一四八八年にB・ディアスがアフリカ南端を発見します。一四九五年にジョアン二世が逝去し、後継のマヌエル一世が事業を継承してインドへの東回り航路の開拓を支援します。九二年にスペイン女王イサベル一世の支援でC・コロンブスが西回りでインド（実際はアメリカ）に到達したという航海に対抗するため、ポルトガルは東回り航路を発見する必要がありました。

そこで隊長に指名されたのがV・ダ・ガマでした。途中までは一〇年前にアフリカ大陸南端に到達していたB・ディアスが同伴しますが、ヴェルデ岬からは四隻になり、十一月にアフリカ大陸南端を通過、一四九八年五月にインドのカレクト王国に到達しました。以後、ポルトガルはアジアにも進出し、西洋の人間として最初に日本に到来したのはポルトガルのF・ザビエルで「発見のモニュメント」にも彫像が設置されています。

日本列島を周回する航路を開拓した

河村瑞賢

（一六一八－一六九九）

幕府が命令した航路開拓

最上川は山形県内を流下する日本九位の流域面積をもつ大河であり、流域の庄内平野は古代からコメの一大産地で、江戸や大坂など大消費地へ輸送されていました。その輸送経路は河口の酒田から日本海側を帆船で敦賀まで輸送し、そこで陸揚げして山道を荷車などで琵琶湖北岸の海津《かいづ》まで運搬、さらに帆船に積替えて湖上を大津へ輸送、再度、陸路か淀川の水路を利用して大坂へ輸送するという面倒かつ時間のかかる方法でした。

一六四二（寛永一九）年に大雨、洪水、旱魃、虫害などが重複して寛永の飢饉が発生したとき、幕府は庄内地方から江戸にコメを輸送しようとしましたが、前述の経路では時間も費用もかかって十分なコメを輸送できませんでした。そこで幕府はある人物に新規の輸送経路を開拓することを命令します。その命令を見事に達成し、日本海側と太平洋側を帆船で往来する西回り航路と東回り航路を開拓した人物・河村瑞賢を紹介します。

次々と商才を発揮

河村瑞賢は一六一八（元和四）年に伊勢国東宮村《とうぐうむら》に誕生し、一三歳になったときに江戸へ移動します。それだけでも野心のある若者であったことが想像できますが、商才のある性格でもあったことを証明する逸話が伝承されています。江戸では荷物を運搬する車力という仕事に従事していましたが、お盆の時期に品川の海岸付近を通行していると、精霊《しょうりょう》送りの野菜や果物が海岸や川岸に散乱していることを発見しました。

普通の感覚であれば、漠然と季節の行事の風情を実感するだけですが、瑞賢はそれらを収集して漬物にし、地元で販売して大儲けしました。この才覚を発揮し、江戸幕府から故郷の桑名藩が下命された九十九里平野の北部にある椿海《つばきうみ》の干拓事業、その水抜きのために掘削された新川の開削事業を受注し、それらの工事に必要な材木の販売にも進出します。これらの仕事を契機に幕府の公共事業と密接に関係するようになりました。

さらに莫大な利益をもたらす商売の機会が到来しました。一六五七（明暦三）年に江戸で明暦の大火が発生します。これは江戸城下の大半を焼滅させただけではなく、死者一〇万人とも推定される被害をもたらし、明和の大火（一七七二）、文化の大火（一八〇六）

とともに江戸三大大火とされます。さらに古代ローマの大火（六四）、近世ロンドンの大火（一六六六）とともに世界三大大火ともされる災害でした。

ところが材木の商売をしていた抜目のない瑞賢は大火の直後に木曽福島に出掛け、木材を大量に買占め、それを材料として江戸の復興工事を数多く受注し莫大な利益を獲得しました。買占めに出掛けたときには二枚の小判に小穴を開けて紐を通し、チリンチリンと音のする玩具を用意して地元の子供に提供しました。大人たちは小判を玩具にするくらいだから余程の金持ちに間違いないと判断し、木材の購入に協力したという伝説があります。

これは誇張された内容かもしれませんが、このような機転のきく才覚によって江戸の復興事業に活躍した結果、幕府、とりわけ老中の相模国小田原藩主の稲葉正則と密接な関係となり、幕府の公共事業だけではなく諸藩の仕事も次々と請負い発展していきます。その才覚を見込んで幕府から一六七〇（寛文一〇）年に下命されたのが、東北地方のコメをはじめとする産品を江戸や大坂まで海上輸送する航路の開拓でした。

東回りと西回りの航路開拓

まず翌年の一六七一（寛文一一）年に陸奥藩の産米を江戸へ輸送する東回り航路の開拓から開始します。この航路は江戸時代の初期から利用されており、一六一〇年代から二〇年代にかけて盛岡藩、仙台藩、米沢藩などが太平洋岸の各港から江戸へコメを輸送していましたが、犬吠埼沖が強風で有名な難所のため、その手前の銚子で積荷を川船に積替えて利根川を利用して江戸へ輸送する経路が使用されていました。

そこで瑞賢は東北各藩の産米を河川経由で石巻周辺に集荷し、伊達政宗が荒浜海岸と並行して掘削した貞山《ていざん》運河を利用して阿武隈川河口まで輸送します。そこから犬吠埼沖の強風の難所と房総半島の先端の野島崎沖の難所は海岸に接近せずに沖合を通過し、さらに江戸湾口も通過して一気に伊豆半島の下田に到着するようにします。そこで待機して風向が江戸の方向の西風になる機会を利用して江戸に到着する航路を開拓したのです。

この成功の翌年には庄内平野の産米の輸送を命令されます。そこで秋田、山形、庄内にある天領のコメ三九〇〇石を酒田に集積、多数の帆船の集団で出発しますが、事前に周到な準備をします。当時は途中の港湾に入港すると各藩が税金を徴収するため、強風でも入港せず強引に航海して遭難することが多発していました。そこで瑞賢は幕府に入港の税金の廃止を依頼するとともに、監督する役人の常駐も依頼するなどの準備をしました。

さらに事前に部下を各地に派遣し、各港の状況、潮汐の状態を調査させ、帆船も入念に選定しました。そして五月に出羽の酒田から出航し、佐渡の小木、能登半島の福浦《ふくら》、但馬の柴山、石見《いわみ》の温泉津《ゆのつ》、長門の下関を経由して瀬戸内海に進入し、大坂に到着します。そこからは江戸を目指し、紀伊半島の先端の大島、伊勢の方座《ほうざ》、志摩の畔乗《あのり》、伊豆の下田などを経由、途中の難所には烽火《のろし》も用意して、七月に無事に江戸に到着しました。

これが輸送革命であったことを証明する数字があります。西回り航路が実現する以前に海上輸送で富山から敦賀まで一〇〇石のコメを輸送する費用は一五石、さらに敦賀から陸路で山越えをして湖上を大津まで運搬すると二六石であったとされています。一方、西回り航路で海上を敦賀から大坂まで輸送した場合は一八石でした。輸送距離は前者の三倍以上になりますが、輸送費用は四割でしかありませんから、輸送革命でした。

東回り航路と西回り航路

大坂平野の河川改修に成功

さらに瑞賢が活躍したのが淀川の治水工事です。七〇〇〇年から六〇〇〇年前には世界全体で気温が二度程度上昇し、日本列島周辺でも海面が数メートル上昇する縄文海進が発生していました。その影響で大坂平野も海面以下になり、上町台地《うえまち》といわれる半島のみが海上にあり、その東側は河内湾《かわち》と名付けられる海面という状態でした。しかし、二〇〇〇年前の弥生時代になると海面が後退して沖積平野が登場します。

その河内平野には多数の河川が網目のように形成され、頻繁に洪水が発生する状態でした。この広大な平地を安定した状態にしようと工事に着手したのが豊臣秀吉でした。秀吉は一五九四（文禄三）年に伏見城を構築するときに宇治川の川筋を変更するとともに、淀川の左岸に二七キロメートルにもなる文禄堤を構築し、河内平野への氾濫を防止するとともに淀川を大坂と京都を連絡する舟運が可能になる水路に変更しました。

それでも淀川下流には大量の土砂が蓄積し氾濫を防止できません。そこで江戸幕府は一六八三（天和三）年に美濃青野藩主稲葉正休《まさやす》に調査を命令します。正休は事業に精通している瑞賢を同伴して淀川水系の源流から河口までを調査し、淀川の治水計画を策定、費用を四万両と見積もり幕府に提案します。しかし老中堀田正俊が瑞賢に確認すると、半額の二万両で可能との返答でした。そのため正休は役目を罷免されてしまいます。

そのような経緯で工事を一任された瑞賢は一六八四（貞享元）年一月に大坂に到着して二月から工事を開始します。その基本は河口部分が河川からの土砂で湿地になって水田の適地になっているため、新田が開発されて川水が大坂湾内に流出しないことだと判断します。そこで湿地に新川（安治川）を掘削して水流を改善する工事を開始しますが、八月になって瑞賢は江戸に召喚され、工事が一旦中止になってしまいます。

それは瑞賢の工事の問題ではなく、江戸城内で正休が老中堀田正俊を刺殺するという事件が発生したからです。正休も即座に老中の阿部正武や戸田忠昌に刺殺され、一万二

○○○石の美濃青野藩は改易となります。原因は淀川回収事業から役目御免になった遺恨と推察されています。一七年後に発生する播磨赤穂藩主の浅野長矩《ながのり》（内匠頭《たくみのかみ》）が高家旗本の吉良義央《よしひさ》（上野介《こうずけのすけ》）を江戸城内で襲撃した有名な事件の前触れのような事件でした。

工事は一年以上中断しますが、一六八五（貞享二）年一二月に再開され、二年が経過した八七年に完了しました。この工事によって大坂平野の氾濫が減少しただけではなく、淀川の河道が掘削されて舟運が可能になり、現在の大阪の中心となっている堂島一帯の中洲も開発されました。その堂島と対岸の岸辺には日本の各藩の数百にもなる蔵屋敷が建造され、コメだけではなく各藩の産物を全国に流通させる日本の拠点となりました。

江戸での静謐《せいひつ》な晩年

明治時代以後、鉄道が全国に敷設されるまで物資を大量に輸送する手段は水運しかなかったため、全国各藩のコメを代表とする産品は大坂の堂島に一旦集積され、ここで取引されてから瑞賢が開拓した航路を利用して再度全国に流通していきました。その結果、江戸時代の大坂は「天下の台所」と名付けられるほど繁栄しました。現在でも大阪が日本第二の都市として発展しているのは瑞賢の恩恵と表現しても過言ではありません。

この天下の台所の恩恵により長者になった人物としては江戸へ木材やミカンを輸送した紀伊国屋文左衛門と木材を輸送した奈良屋茂左衛門が有名で、二人とも豪遊したことでも有名です。瑞賢は航路の開発により幕府から三〇〇〇両を賜与《しよ》されたといわれますが、前述の二人のような豪遊の噂話はなく、晩年は江戸で茶道や俳諧などを趣味とし、同郷の松尾芭蕉とも交流があったという風雅な生活をし、八二歳で逝去しています。

高齢社会の手本となる

貝原益軒

（一六三〇―一七一四）

藩士として業績のあった人物

　貝原益軒は生涯に約六〇部（二七〇余巻）の書物を執筆しているため、作家のように理解されています。実際、菩提寺である福岡市中央区の金龍寺の境内の影像は書籍を山積みにした座机の前面に正座する坐像であり、作家の風格です。しかし現実には一八歳から七〇歳まで筑前国福岡藩（黒田藩）に出仕した武士であり、書物の大半は引退して自由になってから執筆したもので、見事な複線の人生を達成した人物です。

　一六三〇（寛永七）年に福岡藩士の貝原寛斎の五男の篤信として誕生し、一八歳で福岡藩に出仕しますが、第二代藩主黒田忠之から勘当されて浪人になってしまいます。七年が経過して二七歳になった一六五六（明暦二）年、第三代藩主黒田光之によって勘当が解除されて帰藩が許可され、翌年から藩費によって京都へ留学し、本草学や朱子学を勉強するとともに、木下順庵、山崎闇斎など著名な学者と交遊するようになります。

　七年間の留学を終了して一六六四（寛文四）年に帰藩し、一五〇石の知行を付与されますが、行政能力が優秀であったようで、藩内で藩士の教育をするだけではなく、一六八二（天和二）年に李氏朝鮮から徳川幕府への外交使節団である朝鮮通信使が藩内を通過するときの応接や隣接する佐賀藩との境界問題の解決に奔走するなど政治能力を発揮しています。さらに『黒田家譜』を編纂するなど学者としても能力を発揮しました。

人生指南をした益軒

一六九九年に七〇歳になって引退、第四代藩主黒田綱正から提供された藩内の荒津東浜の屋敷に、三九歳のときに結婚した二二歳年下の東軒とともに居住し、作家としての第二の人生を開始します。益軒が執筆した書籍には硬派の史書なども何冊かあるものの、一般に周知されているのは『五常訓』『家道訓』『初学訓』『五倫訓』など「訓」と名付けられた人生訓を内容とする一三冊ですが、とりわけ有名な著作が『養生訓』です。

これらの「訓」の内容は益軒の独創ではなく、中国の歴史に登場する聖賢の思想を背景にして、自身の体験と研究によって構築した内容ですが、さらに本人が病弱で、生涯の大半を痔疾、頭痛、眼病、淋病などで苦労したため、それらに対処しながら長生きした経験から執筆したという背景があります。『養生訓』は逝去する前年の八三歳のときに出版されており、もし健康で元気であれば、この名著は出現しなかったかもしれません。

その内容の一部を紹介すると「身体は自分だけのものではないから飲食や色欲にふけって粗末にしてはいけない。人間には飲食の欲、好色の欲、睡眠の欲、駄弁の欲などあり、養生の道はこれらの欲を我慢することである」「欲を減らすと命を延ばすことになる。食を少なくし、飲むを少なくし、色欲を少なくし、口数を少なくし、怒りを少なくし、憂いを少なくし、寝るのを少なくするとよい」と僧侶の修行のような内容です。

益軒の没後二五年程して『女大学』という偽作が出版されています。益軒の『和俗童子訓』を下敷きにした内容で、益軒の見解に類似していると推察されます。そこには「女には三従の道がある。父の家にいては父に従い、夫の家にいては夫に従い、夫が死んでからは子に従う。嫁してからは父の家に行くことを稀にしなければならない」と記述されています。現在では批判殺到の内容ですが、当時の社会規範を明示しています。

博物学者としての益軒

このように貝原益軒というと『養生訓』の著者として有名ですが、本質は近世を代表

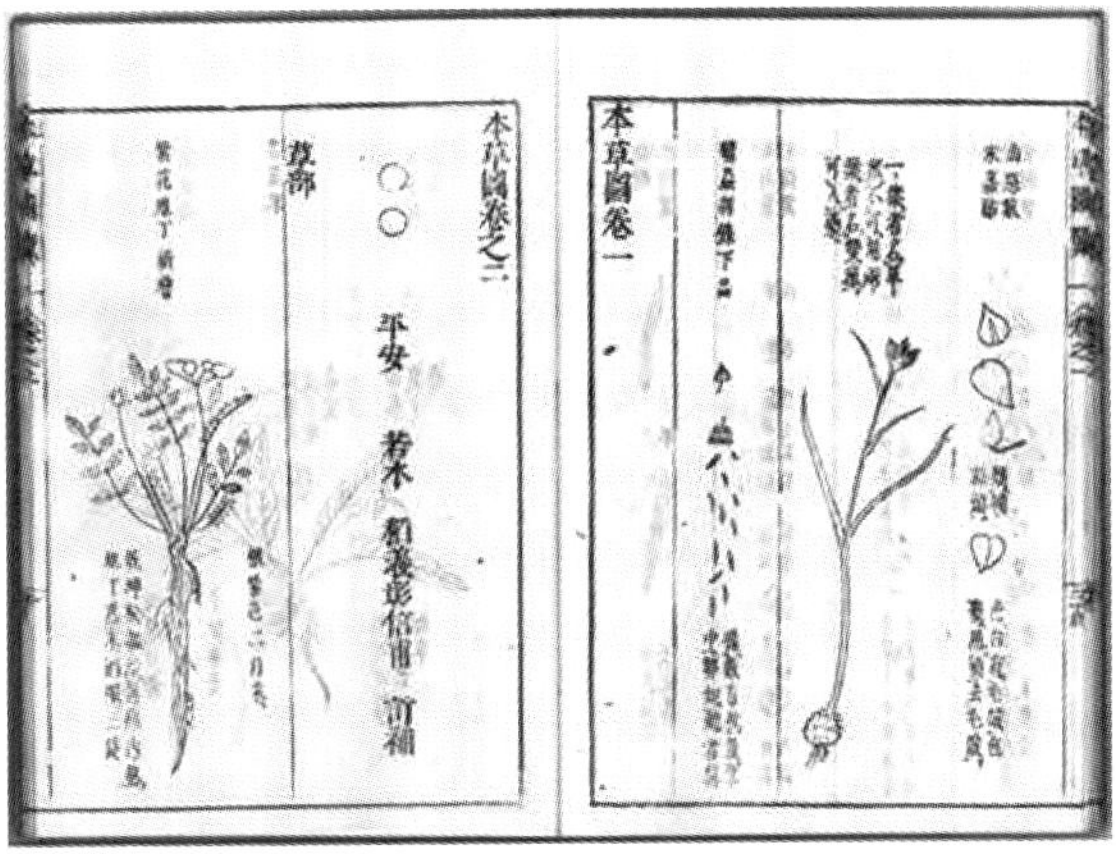
『本草綱目』

する博物学者です。その資質を象徴する大作が全一八巻の『大和本草』です。「本草」は薬用となる動植鉱物の総称ですが、中国の明代の学者の李時珍が二六年の歳月をかけて編纂し、死後の一五九六年に上梓した『本草綱目』が世界最初の本草の書物とされています。全五二巻の大作には約一九〇〇種の薬種が図版とともに収録されています。

この書籍は一種の百科事典で内容が斬新で図版も豊富であったため中国でも何度も印刷されていますが、中国での出版から八年が経過した一六〇四（慶長九）年には日本に到来し、次々と版刻されて刊行され、一四種類の出版が確認されているほど注目されていました。さらに原本を復刻するだけではなく、日本独自の百科事典を製作する活動も登場し、『花壇綱目』（一六六四）『訓蒙図彙』（一六六六）などが登場します。

そのような一例が益軒が日本の動植鉱物を対象に編纂した『大和本草』で、国内で採集できる薬用の動植鉱物を図入りで網羅した内容です。一七〇九（宝永六）年に刊行され、付録と図版は益軒が逝去した翌年の一七一五（正徳五）年に刊行されています。『大和本草』が明代の『本草綱目』の刺激で実現したように、鎖国をしていた江戸時代の新規の学問領域の開拓には唐船がもたらす中国の知識が重要な情報でした。

益軒が並々ならぬ学識で発刊した日本最初の本草学書は後世の学者に影響をもたらし、平賀源内は一七六三（宝暦一三）年に『物類品隲』を、小野蘭山は一八〇三（享和三）年に『本草綱目啓蒙』を発刊しています。平均寿命が四〇歳程度であった江戸時代に、病弱ではあるものの現代の平均寿命に匹敵する八五歳まで活躍した益軒は『養生訓』や『五常訓』によって評価される人物ではなかったのです。

旅人としての益軒

益軒は、大変な旅行家でもあり、すべて徒歩で旅行する時代に頻繁に旅行をし、生涯に八冊の紀行文を出版しています。

一六八五（貞享二）年に五六歳の益軒が一人で江戸から日光まで旅行した記録『日光名勝記』を参考に、旅行の様子を紹介します。正確な月日は不明ですが、芭蕉が『おくのほそ道』の旅行に出発した四年前のことです。益軒が日光に出発した時点では隅田川には千住大橋と両国橋の二本の橋しかなく、奥州へは千住大橋から出発しました。

千住大橋から奥州街道を進行して宇都宮に到着し、そこから日光街道へ分岐しますが、それまでの平坦な道路とは相違して山道になります。現在では両側は鬱蒼とした杉並木ですが、これは相模甘縄城主の松平正綱と信綱の親子が一六四三（寛永二〇）年から植樹を開始した並木であるため、当時は巨木ではありませんでした。さらに前年の年末には今市で大火が発生しており、焼跡を両側にしながらの旅路でもありました。

東照宮の手前の大谷川には神橋が架橋されていますが、将軍や勅使以外は通行が禁止されており見物するだけでした。そこで徳川家康を祭神とする日光東照宮に参拝し、大谷川沿いに山道を登坂し、中禅寺湖や男体山などを見物したと記録しています。しかし博物学者だけあり、数多くの野鳥についての生態や鳴声なども記載されています。

高齢社会の手本となる益軒

益軒夫婦には子供ができなかったので、兄の子供を養子にしましたが、益軒から昼間の生活態度だけではなく寝相にまで干渉されるために逃亡してしまったため、さらに兄の次男を養子にしますが、金銭にだらしがなく、厳格な性格の益軒は苦労します。そこで自分が死亡して以後の養子の生活を憂慮して『家道訓』を出版します。そこでは質素と倹約が生活の基本だと強調していますが、道楽息子には効果がありませんでした。

益軒の人生を回顧すると、博物学者としては日本最初の本草学書を出版するほど優秀でしたが、女子や子供を対象にした「訓」と名付けられた多数の書物の内容は男女や長幼の秩序を重視した封建時代においては意義があったにしても、現代の視点では時代錯誤の印象です。益軒は後半の書籍で話題になる傾向がありますが、高齢になってから学問に集中した長寿社会の先駆となる人生を実現したことを評価すべき人物です。

将軍徳川綱吉に二度拝謁した

エンゲルベルト・ケンペル

（一六五一―一七一六）

日本へ進出してきたキリスト教徒

一三八五年に成立したポルトガルのアヴィス王朝の初代国王ジョアン一世の三男エンリケ王子は航海王子という別名で有名なように、ポルトガルの船乗りを叱咤激励して未踏の大海を航海させせました。その結果、一四八八年にB・ディアスがアフリカ大陸南端に到達、一四九八年にはV・ダ・ガマがアフリカ大陸を周回してインドへ到達する航路を開拓し、西岸にあるカリカットとゴアをアジアでのポルトガルの拠点としました。

一方、カソリック教会の司祭であったフランシスコ・ザビエルは数人の司祭とともにイエズス会を結成し、ポルトガル国王ジョアン三世の依頼でアジアにカソリックの信仰を普及させるためゴアに移動し、さらに日本を目指し、一五四九年に薩摩半島の坊津に到来しました。もう一人、ゴアでザビエルに出会ったルイス・フロイスも一五六三年に日本に到来し、織田信長から許可を取得して布教活動をします。

信長は反抗する法華教徒への対策としてキリスト教徒を利用したのですが、羽柴秀吉の時代になって次第に勢力を拡大し、長崎を占拠する計画を構想するほどになったため、秀吉は一五八七年にバテレン追放を発令します。しかし江戸時代になり海外の情報が必要なため、長崎に人工の「出島」を構築し、一六三九年まではポルトガル人、それ以後はオランダ人を居住させ、それ以外の海外との交流を禁止するような制度にします。

魔女裁判の時代に誕生

この出島に一六九〇年に到来したのがドイツ出身の医師で博物学者であるエンゲルベルト・ケンペルです。ドイツ中部にある小国リッペ＝デトモルト侯国のレムゴという都市の牧師の家庭に一六五一年に三男として誕生しましたが、当時は三〇年戦争が終結した直後の荒廃した時期で、しかも魔女裁判が頻繁に実施され、多数の人々が処刑された時代でもありました。実際、ケンペルの叔父も斬首されています。

その処刑の直後にケンペルはハーメルンに移住し、さらに何度か生活場所を移転しながら二二歳になった一六七三年に大学の卒業論文に相当する論文を執筆し、様々な都市で生活しながらポーランドの歴史のある都市クラカウで医学と哲学を習得します。一六八一年にスウェーデンに移住しますが、ここで人生の転機に遭遇しました。経緯は不明ですが、スウェーデン国王がペルシャに派遣する使節団の秘書官に採用されたのです。

二年かけてホルムズ海峡に到達

一六八三年三月下旬にストックホルムを出発した一行は春先の雪解けの地面に難渋しながらも四月下旬にロシアのニエンに到達します。ここは後にロシア帝国のピュートル一世がロシア帝国の首都サンクト・ペテルブルクとした場所です。当時はスウェーデンの領土であったため、ここでロシアへ入国する手続きをします。一ヶ月以上もかかりましたが許可を取得し、六月になって出発、七月にモスクワに到着しました。

二ヶ月間滞在したモスクワを九月に出発、カスピ海北岸のアストラハンに到達します。ここから湖上を移動し、年末からペルシャの領土にあるシュマハに三ヶ月も滞在することになりますが、ケンペルの治療が評判になって人々が殺到したからです。ようやく翌年一月にカスピ海に突出した半島にあるバクーに移動します。現在はアゼルバイジャンの首都で人口五〇〇万人の都市ですが、当時でも一〇〇万人以上の巨大都市でした。

バクーからは南下して当時のペルシャ帝国の首都イスファハンに到着しましたが、国王に拝謁するためには四ヶ月の待機が必要でした。ようやく豪華な拝謁の式典が挙行されましたが、隊長以下は当分、首都に滞在するため、ケンペルは一六八五年一一月に一〇〇〇キロメートル南方のホルムズ湾岸の都市バンダレ・アッバースを目指して出発し、途中でペルセポリスの遺跡のあるシラーズを経由して年末に到着しました。

ここに約二年半滞在、一六八八年六月に、当時の世界最大の貿易会社であるオランダ東インド会社の帆船でアジアを目指して出発します。それ以後、インドを経由して一六八九年にオランダ東インド会社のアジアの拠点であるバタヴィアに到着しました。しばらく滞在していた時期にバタヴィア総督J・カンプハイスから日本での勤務を打診されます。オランダ商人が日本で活動するようになって約二〇年が経過した時期でした。

長崎の出島に滞在

こうしてケンペルは一六九〇年七月に日本を目指す帆船に乗船し、二度も台風に遭遇しながらも九月二四日に長崎の出島に到着しました。出発から八年が経過していました。幕府の役人が乗員名簿と来航した人間が同一かを審査、大砲などの武器は差押えるとい

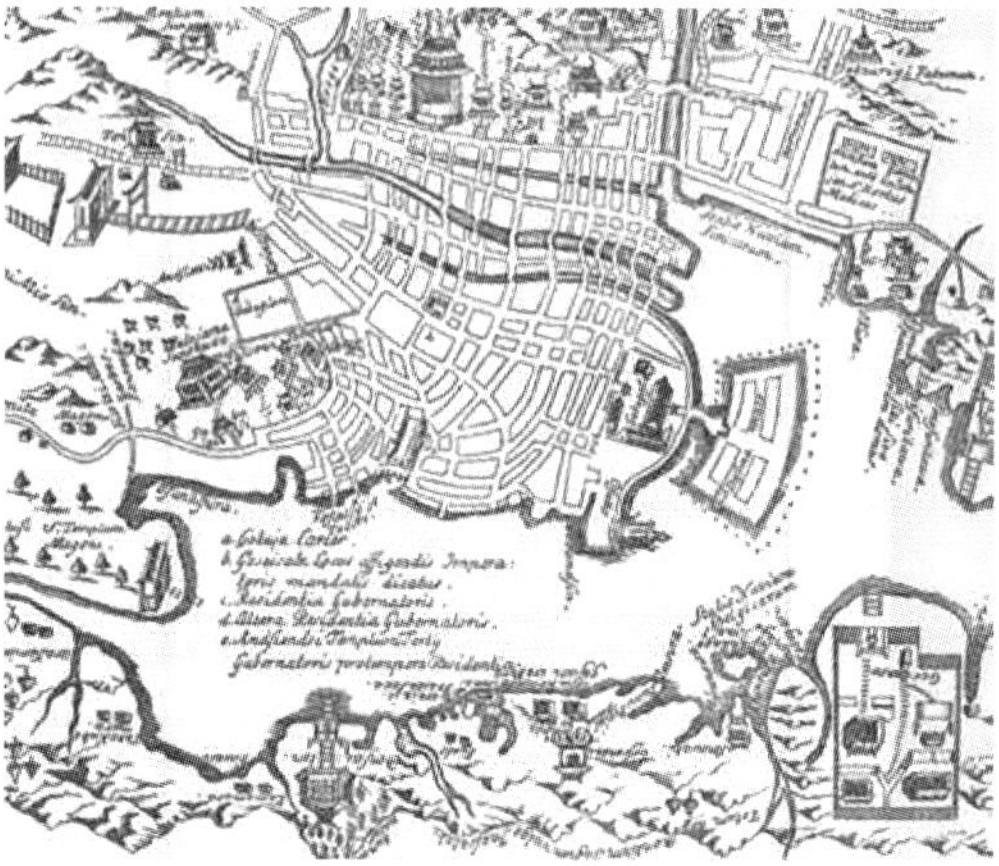

出島

う措置をしてから上陸が許可されました。ケンペルは出島を「牢獄」と記録していますが、出入は厳重に管理され、活動も監視されるなど生活は制約されていました。

ザビエルやフロイスが到来した一六世紀中頃は布教活動も自由でしたが、高山右近や大友宗麟などキリシタン大名が登場し、庶民にも信者が増加してくるような状況から、徳川幕府は一六一三（慶長一八）年に禁教令を発令し、貿易を中心にする活動に制約し、それを徹底するために出島に外国人を隔離するようになったのです。この出島は長崎湾内に一六三六（寛永一三）年に埋立で完成した四〇〇〇坪ほどの小島で、一本の橋梁で本土と接続されていました。

そのように自由に行動できない状況から、時間に余裕ができたケンペルは日本の言葉を学習するようになり、活動も博物学者である基礎を背景にして日本の植物を採集して研究するようになります。これは結果として正解で、長崎奉行の一人などはケンペルの行動を評価するようにさえなっています。そうして日本に馴染んできた結果、当初は一年の滞在予定でしたが、二年に延長するよう申請し、許可されました。

江戸参府旅行に随行

日本滞在を二年に延長した結果、ケンペルは将軍に拝謁する江戸参府旅行を二度も経験することになります。江戸参府は一六三三（寛永一〇）年からの制度で、日本との貿易を許可されて出島に滞在するオランダ商館の館長は毎年一回、長崎から江戸に参上し、将軍に拝謁して品物を献上する仕組です。毎年一月にオランダの出島商館長を先頭に長崎を出発して江戸に到達し、三週間程滞在して将軍に拝謁するという制度です。

この江戸参府は数人が徒歩で移動するような簡単な行事ではありません。大名行列ほどではないにしても、一六九一（元禄四）年の様子を描写したケンペルの著書の図版で計算すると、人間が一〇〇名以上、ウマが約二〇頭という規模の行列です。将軍には品物を献上する必要があり、それも簡単な土産という程度ではなく、以前、四代将軍家綱に拝謁したときには日光東照宮の家康の霊廟にヨーロッパの灯篭を献上しています。

ケンペルが参加した拝謁の相手は五代将軍綱吉です。綱吉は「生類憐れみの令」を発令して人間より動物を可愛がったなど暴君のように評価されていますが、実際は儒学の振興のため湯島聖堂を建立するなどの名君であり、さらに一七〇三（元禄一六）年に関東南部に被害をもたらした元禄大地震、一七〇七（宝永四）年に江戸にまで降灰のあった富士山噴火などにも迅速に対処しており、ケンペルは「善良かつ公正で賢明な君主」と評価しています。

二度の江戸参府旅行

ケンペルはオランダ商館長に随行して江戸へ移動し、一六九一（元禄四）年三月二九日に江戸城内で将軍綱吉に拝謁しています。場所は十分に一〇〇畳はある広大な広間で、正面に御簾があり、その裏側には将軍と正室をはじめ数一〇人の側近が列席しており、その前面にオランダ商館の一行が拝謁します。一通りの挨拶が終了すると、将軍から一行に演技を披露するようにとの要請があり、ケンペルは歌謡と舞踏を披露しています。

それから別室で将軍が様々な質問をする会合があります。ケンペルが医師であることから病気や治療についての質問が集中し、それらに回答していますが、将軍から不老長寿の薬剤について質問されたときには専門用語で返事をし、日本には材料が存在しないので調合できないと回答したところ、海外で調達するようにという指示がありました。これで行事は終了し、それ以上の滞在は許可されず、長崎に帰還しています。

翌年の江戸参府にもケンペルは同行し、再度、将軍綱吉に拝謁しますが、今回はオランダと日本の風習の相違だけではなく、オランダの国家の統治の制度まで質問されていますここから判断しても将軍綱吉が犬公方と揶揄されるような人物ではないことが明確です。さらに今回は食事が提供されるという特別の饗応があり、これまでの幕府の対応と比較して特別でしたが、それはケンペルの博識が評価されたものです。

二冊の貴重な記録を出版

　予定の二年の日本滞在が終了し、一六九二（元禄五）年晩秋に日本を出発します。最初にオランダの東方の拠点であるバタヴィアに短期滞在し、アフリカ大陸南端を周回して一六九三（元禄六）年一〇月にオランダに到着しました。スウェーデンの使節としてストックホルムを出発してから一〇年が経過していました。航海途中の船内で医学の博士論文を仕上げてライデン大学に提出し、一六九四年四月に博士の学位を授与されています。

　それから生誕の都市レムゴの近郊に帰還し、医師として開業しながら、一〇年余の海外の経験を書物にします。一冊は旅行の前半のペルシャまでを記載した『廻国奇観』で一七一二年に出版され、後半の日本については『日本誌』として記述しますが生前には出版されず、一七二七年に英語で出版されました。本人の作成した図入りの大部の著書ですが、一七世紀の日本を詳細に紹介する貴重な書物となっています。

旅行日記の秀作を発表した

井上通女《つうじょ》

（一六六〇―一七三八）

※香川県丸亀市文化財保存活用課提供

通行の難所であった関所

一六〇〇年の関ヶ原の合戦に勝利した徳川家康は江戸に幕府を開府するため着々と準備を開始しますが、その一例が一六〇一年に発令した「宿駅伝馬」の制度です。街道に平均して一〇キロメートル前後に宿場を設置し、そこに宿泊施設と幕府の公用のために使用する伝馬を用意させたのです。さらに一六〇四年になると、江戸の日本橋を起点にして五街道（東海道／中山道／日光街道／奥州街道／甲州街道）の整備も開始します。

一六〇五年に後継となった二代将軍徳川秀忠は江戸の防備を堅固にするため、五街道を幕府直轄とし、道幅を拡幅、路面を砂利などで改善、両側に並木を植樹、一里塚を設置するなどの整備により、往来を便利にしました。そのような利便向上の一方、それぞれの街道には関所を設置しますが、これは関税を徴収するためではなく、通行を監視することが目的で、当初は街道全体に一七ヶ所、幕末には四六ヶ所に設置されました。

これらの関所の重要な役割は「入鉄砲出女」という言葉が象徴していますが、外部から江戸へ搬入される武器を監視する「入鉄砲」と、江戸から外部へ移動する「出女」を監視するという意味です。江戸時代には各藩は江戸に屋敷を構築し、そこに大名の妻女が人質として生活しており、それらの女性が逃亡することを防止するための手段で、通行のためには幕府の役人が発行する通行手形が必要でした。

父親と丸亀から江戸へ旅行

今回は関所を通過するのに大変な苦労をした江戸中期の歌人で何冊かの旅行日記を執筆している井上通女という女性を紹介します。江戸時代に旅行日記を執筆した女性は意外に多数存在し、残存しているだけでも一三〇編ほどあります。それらの記録は高貴な身分の女性だけではなく、庶民の女性によるものもあり、当時の社会全体の教育水準が高度であったとともに日本の社会基盤が整備されていたことを示唆しています。

通女は四国讃岐の丸亀藩主の家臣である井上儀左衛門の四女として一六六〇(万治三)年に誕生しました。父親は藩内でも有数の朱子学者であり、母親も教養のある女性であったため、幼少の時代から高度な教育を享受し、八歳のときには『源氏物語』を暗唱できるほどでした。さらに一二歳になって漢籍も勉強し、自作の漢詩を江戸の当代随一の朱子学者林春斎に送付して指導されるような環境で勉強していました。

そのような背景から通女の才能は丸亀藩京極家の江戸屋敷でも評判になり、二二歳になった一六八一（天和元）年に江戸に生活する丸亀藩主京極高豊の母堂の養性院の侍女として出仕することになりました。そこで一一月一六日に家族や友人に見送られて父親とともに江戸に旅立つことになります。丸亀から帆船で三日をかけて、たまたま荒海であった瀬戸内海を横断して大坂に到着し、ひとまず丸亀藩邸に滞在します。

大坂では奉行所から東海道の途中にある新居関所と箱根関所の通行手形を入手します。これが面倒の原因になりますが、それは関所に到着してからのことです。大坂からは、まず淀川を川船で遡行して淀宿に到着します。淀川を遡行するのは両岸から人手で川船を牽引するので二日がかりの船旅でした。淀宿からは京街道を徒歩で移動して京都に到着、数日滞在しますが名所見物もせず、江戸を目指して東海道を進行します。

冬季のため松明を使用して早朝から京都を出発し、二日をかけて桑名宿（三重県桑名市）に到着、ここからは小船で「七里の渡」といわれる海上航路を利用して夜中に宮宿（名古屋市熱田区）に到着します。睡眠もそこそこに夜明けとともに出発し、在原業平の故事で有名な八橋は面影もないとのことで通過、赤坂宿（愛知県豊川市）で一泊、翌朝も

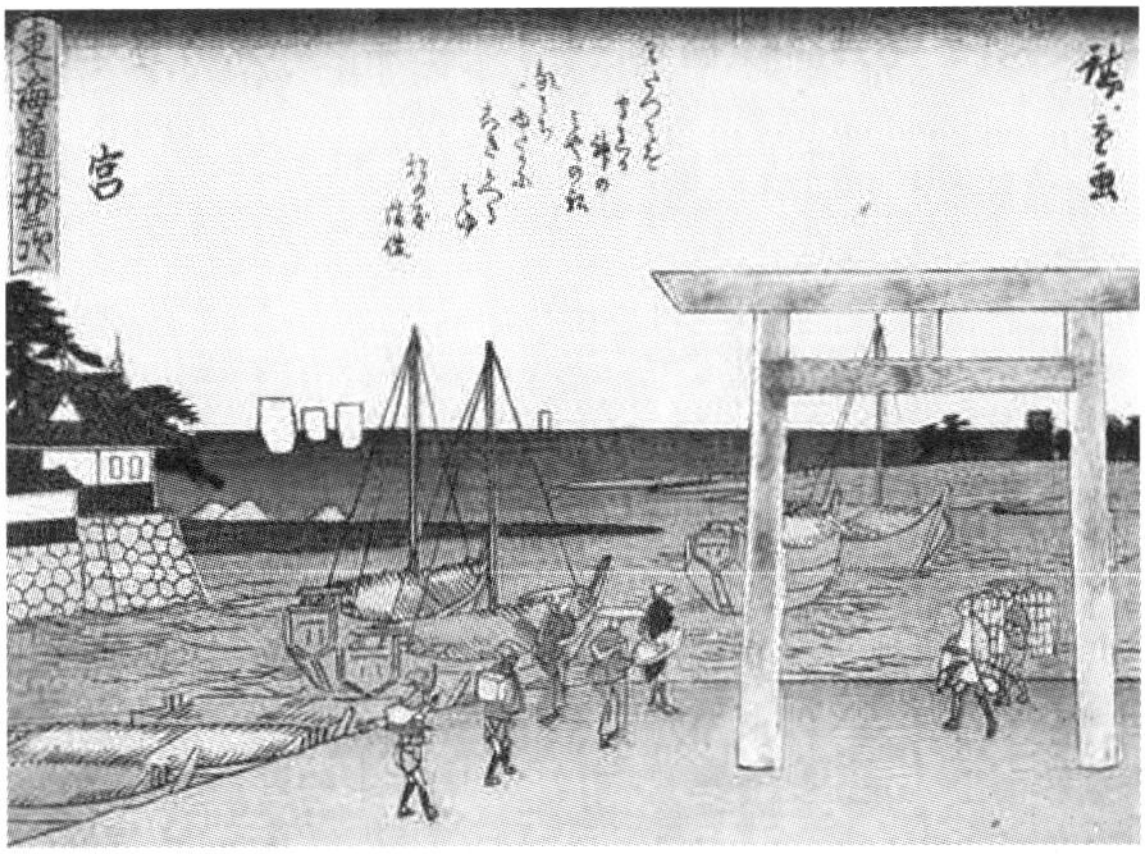

七里の渡（宮）

早朝に出発して午後二時に問題の新居関所（静岡県湖西市）に到着しました。

新居関所の通過で大変な苦労

ここは開府以前の一六〇〇（慶長五）年に家康が直轄の関所として創設、約一〇〇年間は幕府から派遣の新居奉行が管理していました。別名「女の関所」との呼名もあり、江戸から到来する「出女」だけではなく、江戸を目指す「入女」も監視するため女性の難関でした。そこで手前の御油宿や吉田宿の周辺から脇道へ進入し、浜名湖の北側を大回りして浜松宿や見附宿へ到達して新居関所を回避する旅人も多数いたようです。

当初、関所は現在よりも東側に位置していましたが、一六九九（元禄一二）年の高潮で被災して移転します。ところが、その建物も一七〇七（宝永四）年の富士山大噴火を原因とする地震と津波によって倒壊し、翌年になって現在の位置に再建されました。その建物もさらに一八五四（安政元）年の安政東海地震で倒壊し、翌年再建された建物が国指定特別史跡として現在まで保存されているという因縁のある建物です。

大坂の奉行所で発行された関所手形を所持していた通女には通過の心配はないようでした。ところが一一月二七日に新居関所に到着し、手形を提出したところ通行させてくれません。手形には「女」と記載されていましたが、通女は未婚で振袖を着用していたため「脇あけたる小女」と記載されていないと無効だという理由です。厳格に審査していたとも理解できますが、役所仕事を象徴するような状況でした。

そこで手形の変更のため大坂に使者を送り、待機することになりました。文才のある彼女は「旅衣／新居の関を／越しかねて／袖によるなみ／身を恨みつつ」という和歌に感情を表現していますし、同様の漢詩も制作していますが、如何ともできない状況でした。ようやく一二月三日に修正した関所手形が到着し難関を突破できました。皮肉なことですが、この史跡の新居関所の境内には上記の和歌の石碑が設置されています。

江戸で評価された才能

ここまでの内容は通女の記録した『東海日記』による内容ですが、ここで日記は終了しています。初冬の寒気が襲来する季節に、毎日、夜明けとともに出発する過酷な日程に関所通過の心痛が加算されて体調不良となり、父親が日記の継続を禁止したためです。箱根関所は関所手形の不備もなく無事通過して江戸に到着し、藩邸では藩主の母堂の養性院の侍女としての仕事以外に、藩主自慢の才女として会合などにも随伴します。

その才能は際立っており、江戸の学者に評価されますが、女性が学者として立身することは困難な時代で、儒者の室鳩巣《むろきゅうそう》は通女が女性であることを残念がっていたといわれます。この江戸での生活は『江戸日記』に記録されていますが、三〇歳になった一六八九（元禄二）年に養性院が逝去し、丸亀に帰郷します。その気持ちを「秋ならで／露けきものは／君を置きて／むなしく帰る／野辺のわか草」と記録しています。

実弟の井上市兵衛益本とともに帰郷する旅路は『帰家日記』に記録されており、箱根関所での検分の様子も記載されています。通女は「出女」に該当しますから、厳格な検査を経験します。毛髪をバラバラにして検査されるだけではなく、腰布を除去して秘所を検査することもあり、「いかならんと胸つぶるる心地しつる」と記載しています。

当時から評価されていた女性

丸亀に帰郷してから藩士の三田宗寿茂左衛門と結婚し、三男二女が誕生しました。五一歳になった一七一〇（宝永七）年に主人の宗寿が死亡し、そのときの気持ちを「いずくにか／あまがけるらん／夢にだに／見ること難き／魂のゆくすゑ」と追悼していきます。以後は儒者として活躍する末子の三田義勝を育成しながら文芸活動を継続し、一七三八（元文三）年に七八歳で死亡しました。当時としては相当の長寿でした。

現在では、それほど有名ではありませんが、通女が執筆した『東海日記』『江戸日記』『帰家日記』の三冊は「江戸日記の粋」と評価され、貝原益軒は平安時代の有智子内親王《うちこないしんのう》以来の学富才優と評価しています。また伴蒿蹊《ばんこうけい》が世間で話題の一〇〇余名の人物を紹介した一種の人名辞典『近世畸人傳』（一七九〇）には、井上通女が「詩歌ともに成人にまされる才女」と紹介され、当時はそれなりに話題の人物でした。

生物を命名する規則を発明した

カール・フォン・リンネ（一七〇七―一七七八）

数千メートルの深海まで潜行できる特殊な船舶の眼前には次々と未知の生物が登場することが証明するように、地球には何種の動物や植物が棲息しているか不明です。しかし、ここ一〇年間だけでも、これまで未知であった動物や植物が二〇万種、すなわち毎年数万の生物が新規に発見されており、そのような状況を背景にすると、最小でも数百万種、最大では数千万種が棲息しているのではないかと推定されています。

それらのうち、これまで人間が発見した生物は哺乳動物が約六〇〇〇種、鳥類が約九〇〇〇種、昆虫が約九五万種、植物が約二七万種であり、それ以外の生物を合計しても一八〇万種程度で、人間にとって既知の生物は全体のほんの一部でしかありません。この人間が発見した既知の生物には名前が付与されていますが、現代にまで利用されている命名の規則を発明した一八世紀の偉大な博物学者を今回は紹介します。

博物学が花開いた一八世紀

その博物学者とは、文学・科学・政治・法律など広範な分野で活躍したドイツの偉大な人物J・W・フォン・ゲーテが「シェークスピアとスピノザより以後、自分にもっとも影響をもたらした人物」と賞賛しているカール・フォン・リンネです。このリンネが活躍する一八世紀を理解するためには、ヨーロッパ社会が未知であった地球の広範な地域に急速に進出していった一五世紀以後の世界の潮流を概観する必要があります。

一五世紀最後にC・コロンブスが西回りでアメリカ大陸に到達、V・ダ・ガマが東回りでインドに到達して以後、ヨーロッパの視点から地球は一気に拡大し、世界に進出していった各国の帆船が各地から未知の動物や植物を採集してきました。当初は手当たり次第に物珍しい動物を捕獲し、食料や医薬に有用な植物を採集するという状態でしたが、次第に未開の土地の風土と動物や植物との関係を研究する方向に発展していきます。

その結果、博物学（ナチュラル・ヒストリー）という学問分野が隆盛になりました。このような学問には古代ギリシャのアリストテレスの『動物誌』、テオフラストスの『植物誌』、古代ローマのディオスコリデスの『薬物誌』、プリニウスの『博物誌』などの先例がありますが、一五世紀以後、ヨーロッパの視点からは未知の世界が急速に拡大し、新種の生物や鉱物が流入するようになり、博物学が花開く時代が到来しました。

二十代で生物の分類に挑戦

その博物学の巨人が一七〇七年にスウェーデン南部のスモーランド地方の寒村に誕生したカール・リンネです。父親は教区司祭でしたが園芸に熱心な庭師でもあり、子供に植物の名前や育成方法を教育しました。これはリンネが学者になってから植物の分類に能力を発揮する下地になりました。当初は父親の後継として聖職を目指す予定でしたが、二七年にルント大学、翌年にウプサラ大学に入学して医学を勉強します。

当時はヨーロッパの船乗りが世界各地から多数の未知の動物や植物を収集してきた時代で、その分類などが混迷していた時期でした。たまたまウプサラ大学で出会った同期の学生P・アルテディと意気投合し、二人で神が創造したあらゆる動物と植物を分類しようと約束し、リンネは植物を担当することになりました。ところがアルテディが運河で水死するという事故があり、リンネは両方を研究することになりました。

当時のヨーロッパでは大学に序列があり、医学の学位を取得するためにはウプサラ大学では対応できず、オランダの大学に出向くことになり、リンネは二八歳になった一七三五年、一七世紀に創立されたオランダの由緒あるハルデルウィック大学に出掛けます。

そこでは事前に用意しておいた医学論文「マラリアの原因についての新規の仮説」を提出、口頭試問にも合格し、医学博士の学位を授与されました。

方向を決定した『自然の体系』

この一七三五年の年末に後世の自然の分類の方向を決定する注目すべき書籍をリンネは出版します。題名は『自然の体系（システマ・ナトゥーレ）』、副題が「綱・目・属・種の方法で体系を企図した自然の三界」という書籍です。自然を鉱物、植物、動物（三界）に分類、さらに細部に分類するという内容で、初版は判型こそ五五センチメートル×四二センチメートルという大判ですが、わずか一二ページの書籍でした。

最初のページは「自然の三界についての所見」として二〇の項目が列記されています。現在の知識とは相違する項目も多数ありますが、いくつかの項目を紹介すると「生物の増殖の過程を過去に遡行すると、単一の両性具有の祖先（植物）か雌雄異体の一体の祖先（動物）に収束する」「この単一の祖先は全知全能の存在に帰着する。これが神であり、その御業が創造である」など科学が宗教から独立する以前の状況を反映しています。

この研究が当初から評価されたことを証明するのが出版の経緯です。医学博士を取得するためオランダに滞在していたとき、その研究途上の草稿を一見した植物学者Ｊ・Ｆ・グロノヴィウスは大変に感銘して印刷費用を支援し、スコットランドの医師Ｉ・ローソンも追加資金を提供してくれたという逸話が伝承されています。現在のように手軽に出版できる時代とは相違して、当時の出版事情を想像させる逸話です。

最初のページには物体は自然の三界（鉱物、植物、動物）に区分されると説明し、以下は各界について二ページの分類の一覧と一ページの説明から構成されています。内容は当時の学界の公用言語のラテン語で記載され、オランダ最古の大学が存在するライデンで出版されました。この初版は世界に四四部しか残存しない貴重な図書ですが、それ以後、リンネ自身が増補改訂した内容が第一二版（一七六六―六八）まで出版されます。

二名式命名法の発明

新版ごとにページは増加していきますが、重要なのは第一〇版で、一七五八年に第一巻、翌年に第二巻が発行され、ページ総数は一三八四ページにもなる大部の書物です。

大部になった理由は三一二属四三七八種の動物と植物を掲載していることですが、より重要な特徴はリンネの後世への最大の貢献とされる「二名式命名法」により動物と植物の名前を記載し、現在でも利用される国際標準を確立したことです。

動物や植物を簡単な名前で表現することは一六二〇年にスイスの植物学者J・ポアンとG・ポアン兄弟が提案していますし、イギリスの博物学者J・レイも一六七〇年代に二名式命名法を使用していますが、リンネ自身も一七三七年に出版した著作で使用していますが、「(門)・綱・目・(科)・属・種」(門と科は後世追加)のうち「属」は大文字、「種」は小文字のラテン語で表記することを提案したのは前述の五八年の著作です。

そして実際に『自然の体系（第一〇版）』では三一二属四三七八種について、その規則による名称を表記しています。ライオンは「脊索動物門／哺乳綱／食肉目／ネコ科／ヒョウ属／ライオン」ですが、最後の二項目をラテン語にしたPanthera leoという表記が学名です。ラテン語を使用したのは衒学趣味ではなく、当時の世界の学術社会で、もっとも広範に利用されている共通言語であったことを背景にした選択です。

スウェーデンの100クロナー紙幣 ©スウェーデン大使館

リンネを後継した人々

リンネは一七四一年にウプサラ大学の薬学教授、さらに植物学教授になりますが、所属に拘泥せず、動物や鉱物にも研究範囲を拡大します。一七五七年にはアドルフ・フレデリク国王から貴族に叙され、以後は名前がカール・フォン・リンネとなります。スウェーデンではノーベル賞を創設したアルフレッド・B・ノーベルとともに超有名人で、二〇一五年までは一〇〇クローナ紙幣に肖像が使用されていました。

リンネは一七七八年に七二歳で死去、同名の息子が仕事を継承しますが、五年後の八三年に四三歳で死亡してしまいます。そこで研究はP・カルムやF・ハッセルキストなど多数の弟子が継承しますが、とりわけ有名なのは日本と関係のあるカール・P・ツンベルクです。四三年生まれのツンベルクはリンネに師事しますが、世界各地で生物を採集するというリンネの意向で七一年にオランダ東インド会社に入社します。

最初にアフリカ大陸南端のケープ植民地で植物を採集し、一七七五年にオランダ商館の医師として長崎の出島に赴任しました。翌年にはオランダ商館長に随行して第九代将軍徳川家治に謁見し、その様子を『江戸参府随行記』で紹介しています。七九年にスウェーデンに帰国、恩師の後継としてウプサラ大学の植物学教授になり、八一年には学長に就任しています。日本で採集した約八〇〇種の植物は現在も大学に保存されています。

リンネは聖職にあった父親の影響で人生の初期には自身も聖職に就任する意向もあったため、鉱物・植物・動物という三界により構成される世界は神意による結果で、そこから離脱して生物が独自に進化していくという発想はありませんでした。その思想は『自然の体系』（第一〇版）にある「地球創造の目的は自然の事物により神の栄光を人類にのみ伝達するためにある」というリンネの言葉に要約されています。

しかし一九世紀中頃にチャールズ・ダーウィンの「もっとも強い生物が生き残るのではなく、もっとも賢い生物が生き残るのでもなく、生き残るのは変化できる生物である」

という言葉が象徴する「進化論」が登場した結果、神が創造した三界が固定した状態とするリンネの見解は疑問となってきました。しかし「属」と「種」によって生物の名前とする「二名式命名法」は現在まで不変の方式となっています。

次々と画風を転換した異才

司馬江漢

（一七四七—一八一八）

生前に遺言を公開した奇人

生前に遺言を用意する人々は多数存在します。ダイナマイトの開発により巨額の資産を蓄積したA・ノーベルは死亡する約一年前の遺書にノーベル賞の創設を記載しており、それが現在まで忠実に実行されています。イギリス国籍の学者J・スミソニアンは一度もアメリカを訪問したことはありませんでしたが、首都ワシントンにスミソニアン協会を設立するために遺産を寄贈すると遺言し、それによって博物館群が実現しました。

しかし死亡する以前に遺言を公開する人物は例外ですが、死亡の六年以前に遺言を記載しただけではなく、それを何人かの友人に送付し、そのまま世間から隠遁してしまった有名な人物がいます。あるときどうしても出掛けなければいけない用事があって外出したところ知人に出会ってしまいました。驚嘆した知人が挨拶したところ「死人は発言しない」の一言で遠去かっていきました。今回は、この風変わりな人物を紹介します。

浮世絵師春信の代筆として活躍

この人物の本名は安藤吉次郎、世間では司馬江漢という名前で有名な江戸時代の画家かつ学者です。一七四七（延享四）年に江戸の四谷で町人の家庭に誕生しましたが、後年、芝新銭座に移転していますす。司馬という名前はその町名に由来するとされています。一五歳になった一七六一（宝暦一一）年に父親が死亡したため、母一人子一人の生活をし、母親が一七七二（安永元）年に死亡するまでは独身で生活していました。

父親の死亡を契機に駿河台狩野派の絵師狩野美信《よしのぶ》（洞春）の弟子になりますが、画法が自分の趣旨に一致しないと判断、一九歳になった一七六六（明和三）年に浮世絵師鈴木春信の弟子になります。春信は一七六〇（宝暦一〇）年から役者絵を発表して人気絵師になり、浮世絵に多大な影響をもたらした人物です。そこでは春重という名前で仕事を手伝っていましたが、一七七〇（明和七）年に春信が四五歳で死亡してしまいます。

当時二四歳であった江漢は版元の要請もあり春信の画風を継承し、落款も春信とした美人画を制作しますが、女性の容姿は当然として、画面の上部に雲形を配置し、そこに『古今和歌集』や『千載和歌集』など古典から抜粋した和歌を表示する形式も踏襲し、一見では春信と見分けがつかないような作品を数多く制作しています。しかし、そのような既存の画風を模倣することに満足できない江漢はさらなる前進をします。

宋紫石の弟子として唐絵を習得

当時、中国の絵画は「唐画」とか「唐絵」と名付けられ注目されていました。一七三一（享保一六）年に中国から長崎に渡来した画家の沈南蘋《しんなんぴん》は写実的な花鳥画の名手ですが、その弟子となった楠本幸八郎はやはり一七五八（宝暦八）年に中国から渡来した宋紫岩にも師事し、宋紫石を名乗ります。一七六四（宝暦一四）年に江戸に帰還した紫石は中国直伝を売物にして一世を風靡する有名絵師になりました。

紫石には数多くの唐絵の作品が存在しますが、対象を正確に描写するという唐絵の特徴を明確に表現した図版もあります。この時代に活躍した平賀源内という学者が一七六三（宝暦一三）年に刊行した『物類品隲《ぶつるいひんしつ》』という一種の百科辞典がありますが、そこには数一〇枚の植物などの図版が掲載されています。すべて線画ですが、植物の特徴が簡潔明快に描写されています。その画家が紫石でした。

江漢は一七七二（明和九）年末に江戸で紫石の弟子になります。それは上記の紫石の自然を正確に描写する筆法に感銘し、それまで手懸けてきた日本の画法が通俗だと理解したからのようです。そこで名前を唐風にしなければ風雅ではないという紫石の言葉により、姓は司馬、名は江漢とし、ここに司馬江漢が誕生するとともに画風も一気に唐風に変化し、草花や鳥類を忠実に描写した作品を制作しています。

蘭学人士と出会い銅版画に挑戦

このように江漢は狩野美信、鈴木春信、宋紫石などに師事して画風を変化させてきましたが、さらなる変化をもたらしたのが平賀源内でした。源内は本草学者、地質学者、医者など科学分野だけではなく、蘭画家（画号は鳩渓）、戯作者（風来山人）、浄瑠璃作家（福内鬼外）、俳人（李山）など芸術分野でも活躍した異能の人物ですが、家財道具をすべて売却して『ヨンストン動物図鑑』を購入したというほど蘭学にも傾倒していました。

江漢は二七歳のとき源内の弟子となり、鉱山探査に同伴しますが、発見の見込みがわずかだと鉱山開発は断念します。しかし三三歳になった時期に源内との関係で蘭学を開拓していた前野良沢や大槻玄沢と出会うことになりました。良沢は杉田玄白、中川淳庵、桂川甫周とともにオランダの医書『ターヘル・アナトミア』を『解体新書』として翻訳した人物で、玄沢は良沢と玄白の弟子で『解体新書』の翻訳を改定した人物です。

江漢は、それらの学者が研究していたオランダの書籍に記載されていた銅版画の制作方法を会得し、一七八三（天明三）年に日本で最初のエッチングによる銅版画を制作しました。それは「三囲景《みめぐり》」という題名で、隅田川左岸にある名所の三囲神社の周辺を描写し、筑波山も遠望する光景の作品です。しかもその作品をレンズを通して鑑賞する「眼鏡絵」にして、後述の全国を行脚するときには各地で紹介しました。

さらに江漢は油彩画にも挑戦しています。日本で油彩画は一八世紀前半に登場しており、江漢が最初ではありませんが、源内の情報などにより荏胡麻油と顔料を混合した絵具で天明年間から寛政年間（一八八〇年代）にかけての作品が存在しています。その題材の多数は自身で所有していた一六九四年にオランダで出版された画集『人間の職業』を手本にしており、自身の独創による題材はそれほどありません。

長崎や紀州へ旅行

平賀源内を発端とする人脈に出会ったことにより、蘭学に目覚めた江漢は蘭学の原点である長崎への旅行を実行すべく、江戸に妻子を滞在させたまま、一七八八（天明八）年四月に長崎を目指して一人で出発しました。東海道を移動して途中で鳥羽に立寄り、大和路を経由して八月に大坂に到着、以後、中国路を進行して一〇月一〇日に目的の長崎に到達しました。その途中での様子は『江漢西遊日記』として記録されています。

そこには好奇の精神満々の行動が表現されています。一般の人間が簡単には出入りできない出島のオランダ商館を訪問し、年末から翌年の正月にかけては長崎平戸の生月《いきつき》を訪問して捕鯨を見物する機会があり、捕獲した巨大なセミクジラの背中から周囲を見渡している墨絵が存在しています。帰路には江戸で面識のあった備中足守藩主の木下石見守を訪問し、シカの狩猟に参加するなど、様々な体験をして江戸に帰還しました。

それ以後も何度か遠出をしており、一七九九（寛政一一）年四月には大坂から紀州を訪問していますが、江漢の祖先が紀州出身であったことから、紀州の藩主にも謁見しています。この旅行についての詳細な日記は記録されていませんが、『吉野紀行』などに何枚かの絵画が掲載されています。それらの大半は浮世絵風ではなく、風景を忠実に描写した西洋画風の作品になっており、江漢が方向転換したことを明示しています。

画家から科学に領域を拡大

江漢は源内の手引きによる蘭学者との交友から、当時の世界の先端の地理学や博物学に接触する機会があり、それに関係する作品も制作しています。まず世界地図です。長崎のオランダ商館の医師J・A・ストゥッツエルが一七八八（天明八）年に江戸に参府し、貴重な世界地図『ジャイヨ世界図』を持参しましたが、機会があって、それを模写して『地球図』として一七九二（寛政四）年に発表したのが江漢でした。

さらにオランダのF・デ・ウィットが一七世紀後半に制作した北天と南天の天空の星座を描写した『天球図』も一七九六（寛政八）年に模写し、星座には中国や日本の名称を記入しています。このような地図だけではなく、天体の仕組についても知識を入手し、「天球図」と同時に『和蘭天説』として発刊しています。N・コペルニクスの地動説が出版されたのは一五四三年ですが、それについても簡単に説明しています。

一九世紀になった文化年間の初期には太陽と月の表面を『天球全図・太陽真形図』『天球全図・月輪真形図』として発表しています。これは自身で天体観察した成果ではなく、スイスの学者で司祭のA・キルヒャーが一六六五年に発表した『地下世界』の図を模写したものとされています。しかし長崎のオランダ商館を外国との唯一の窓口としていた鎖国時代の日本で貪欲に最新情報を入手していた鋭敏な感覚には驚嘆します。

生前から死亡通知を発表

ここまで紹介してきた業績だけでも相当の人物ですが、画業では大和絵、浮世絵、唐絵、眼鏡絵、油彩画など次々と画風を変更しながら数多くの作品を制作し、科学の分野でも世界地図、天球全図を出版するなどの業績を発表しています。しかし、世間の評価は両極で、一七九八（寛政一〇）年に発表された当代の人物評価番付では低位でした。そのような評価も影響してか、六七歳になった時に奇矯な行動を実施します。

一八一三（文化一〇）年の自称七六歳（実際は六七歳）のとき、自身で自画像入りの死亡通知を作成し、各地の知人に送付したのです。要旨は「江漢先生は老衰により絵画

「司馬無言辞世語」（1813）

の依頼があっても対応せず、蘭学や天文も面倒になり、吉野や京都に滞在して、今春、江戸に帰還、誠拙禅師の弟子となって大悟し死亡した」という内容でした。実際は五年後の一八一八（文政元）年に七二歳で逝去するという数奇な人生でした。

写楽を誕生させた

蔦《つた》屋《や》重《じゅう》三《ざぶ》郎《ろう》

（一七五〇―一七九七）

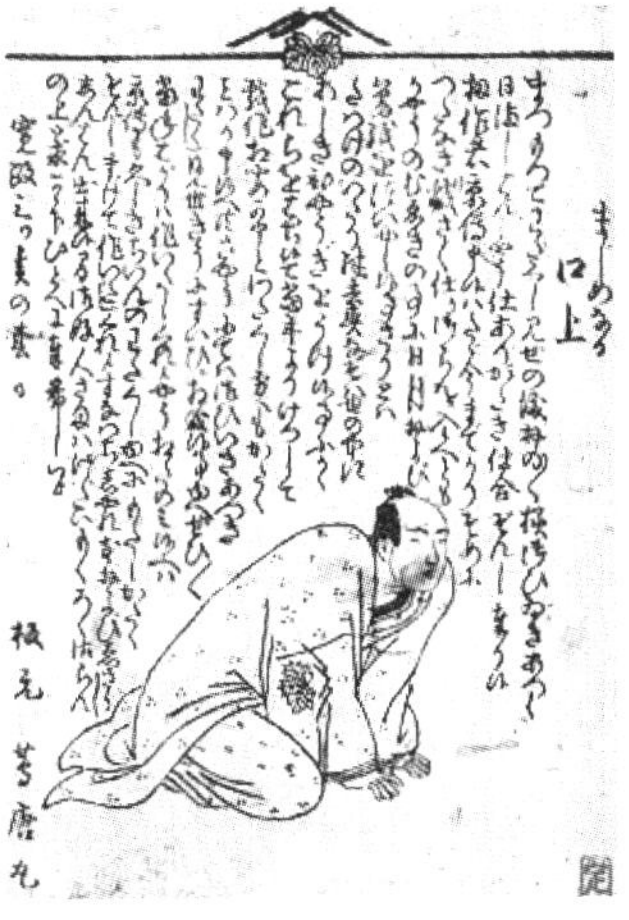

江戸の芸術の源泉・浮世絵

二六〇年にもなる鎖国政策を維持した江戸時代は長崎を経由して細々と伝達される外国の情報以外には孤立しており、結果として様々な独自文化を誕生させることになりました。その中心になったのが江戸の一般大衆に愛好された文化で、『東海道中膝栗毛』や『南総里見八犬伝』に代表される文芸、芭蕉や一茶に象徴される俳諧、そして絵画では浮世絵が流行しました。

浮世絵は上方でも流行しましたが、やはり多数の人間が生活している江戸が中心で、浮世絵師といわれる画家は記録されているだけでも一六〇〇名余になるほどの隆盛でした。それらの絵師が現在の出版会社に相当する版元との契約や依頼で原画を制作すると、版元は版木を製作して大量に印刷して庶民に販売するという仕組みでした。

現在の書籍の出版でも、素晴らしい小説を執筆する作家であっても出版会社に販売の力量がないとベストセラーになりにくいし、有力な出版会社でも筆力ある作家との出会いがないと成功しないように、江戸時代の浮世絵師と版元との関係も同様でした。今回は江戸時代中期に美人画で有名な喜多川歌麿や役者絵で人気を獲得した東洲斎写楽を売出して成功した人物を紹介します。

『吉原細見』から出発

その人物の最初の活躍の舞台となる江戸の遊郭があった吉原の歴史から紹介します。江戸時代初期の一六一七（元和三）年、現在の日本橋人形町に幕府公認の吉原遊郭が誕生しました。江戸には全国の大名屋敷があり、独身の若者が多数生活していたため、そのような施設の需要があったのです。しかし一六五七（明暦三）年の大火・振袖火事で江戸の大半が焼滅してしまいます。

幕府は江戸再建の一環として吉原遊廓を浅草に移転させました。その吉原で一七五〇（寛延三）年に誕生したのが蔦屋重三郎でした。商売の才覚があった重三郎は二二歳になった一七七二（安永元）年に吉原付近に販売と貸本を商売とする「耕書堂」という書店を開店します。最初は『吉原細見』という遊郭案内の販売をしていましたが、翌年には最初の書籍を出版します。

『吉原細見』は遊郭の略図、遊女の名前、遊戯の料金などを説明する案内図書で、最初は一枚の簡素なものでしたが、次第に書籍仕立てになり、やがて毎年春秋に二回の改訂があり、明治時代初期まで存在していたベストセラーでした。重三郎は一七七五（安永四）年に、この『吉原細見』を出版する権利を購入し、様々な工夫をした内容にして、一気に販売部数を拡大することに成功します。

この程度の成功に安住することのない性格の重三郎は発想が豊富で、次々と新規の出版を企画します。『吉原細見』を出版した翌年の一七七六（安永五）年正月には三巻からなる『青楼美人合姿鏡』を出版しました。浮世絵師の北尾重政と勝川春章の描写した遊女の絵姿と彼女たちの発句を掲載した三巻の超豪華本で、自身で序文を執筆するほどの力作で好評でした。

さらに分野を拡大し、まず浮世絵の分野に進出します。前述の三巻と前後して、浮世絵師の磯田湖竜斎が描写した美人の錦絵を「雛形若菜初模様」として順次発売して一七八一（天明元）年までの五年で一〇〇枚程度発売し、人気となります。また富本節という三味線音楽が流行したときには、著名な浮世絵師の美人画を表紙にして富本節の歌詞を印刷した『富本正本』を出版して大儲けします。

このように世間の流行に敏感に対応したのが重三郎の商売が繁盛した理由ですが、一七七五（安永四）年頃から大人を対象とした絵本の一種である表紙に黄色の用紙を使用した「黄表紙」が流行しはじめると、早速、出版を開始し、『竜都四国噂』『夜野中狐物』などを最初として、恋川春町、山東京伝、四方山人など著名な文人を起用して、毎年、一〇種程を発刊して成功します。

次々と人気作家を輩出

このような順調な業績を背景に、創業の吉原の書店の運営を手代に委任し、一七八三（天明三）年に都心の日本橋通油町《とおりあぶらちょう》（現在の日本橋大伝馬町）に「耕書堂」を移転します。その翌年には何枚もの吉原の遊女の絵姿を一冊にした『吉原傾城美人合自筆鏡』を発売したところ好調な売行きになります。この時期には喜多川歌麿が蔦屋に寄宿しており、作品を出版しています。

このような人気商品を次々と出版した効果で、商売はますます順調になります。本店を移転してから二年が経過して、山東京伝が文章と挿画を執筆した黄表紙『江戸生艶気樺焼』を出版したところ再版になるほどの人気作品となり、続編ともなる黄表紙『碑文谷利生四竹節』も売行き好調でした。京伝が人気作家になったのは重三郎の多大な支援の結果ということができます。

このように重三郎の「耕書堂」との関係で活躍した戯作作家は『金金先生栄華夢』（安永四年）の恋川春町、『廓花扇観世水』（安永九年）の山東京伝、『椿説弓張月』（文化四〜八年）の曲亭馬琴など多数存在しますが、最大の貢献は喜多川歌麿と東洲斎写楽という江戸文化を代表する浮世絵師を社会に紹介したことです。ところが、重三郎の仕事に試練が襲来しました。

寛政の改革で暗転

第九代将軍の徳川家重と第一〇代将軍の徳川家治の治世の期間（一七四五〜八六）は田沼時代という呼名もあり、老中首座であった遠江相良藩主の田沼意次《おきつぐ》が絶大な権勢を維持していました。そのような安定した期間の後半に重三郎の出版事業は繁栄していましたが、一七八七（天明六）年に田沼が失脚、翌年に奥州白河藩主の松平定信が老中首座となりました。

田沼時代は経済振興を政策の中心として推進し、社会は発展して江戸や大坂などの都会では文化が花開いた一方、政治の腐敗や賄賂の横行などとともに、一七八三（天明三）年の浅間山大噴火による天明の飢饉が発生して農村は疲弊し、各地で一揆が頻発するなどの側面もありました。そこで松平は田沼時代の悪習を一掃して社会を再生する寛政の改革を実行します。

時代の変化に敏感な重三郎は松平が老中に就任した翌年の一七八九（天明八）年に黄表紙『文武二道万石通』を出版し、時代は鎌倉時代に設定したものの、武士が幕府の政策転換に右往左往する様子を滑稽に表現しました。これは江戸の庶民に好評であったため、次々と類似の書物を発行しますが、強烈な風刺は幕府の忌避するところとなり発禁処分になってしまいます。

さらに幕府は一七九〇（寛政二）年に書物や錦絵の出版取締命令を発表しますが、「白河の清きに魚も棲みかねて／もとの濁りの田沼恋しき」という狂歌が流行したように、この政策は悪評でした。そこで重三郎は江戸っ子の意地から山東京伝による幕府の政策を揶揄する書物を出版したところ、書物は絶版、京伝は手鎖五〇日、重三郎は財産

三代目大谷鬼次の奴江戸兵衛

の半分没収という刑罰になってしまいました。

世界三大肖像画家・写楽の誕生

繁盛している江戸有数の版元とはいえ、財産の半分も没収されたことは大変な痛手であったことは十分に想像できますが、流石に江戸っ子の重三郎は書籍の出版こそしなかったものの、江戸の芸術の歴史に偉大な財産を誕生させせました。刑罰から四年が経過した一七九四（寛政六）年、彗星のように一人の浮世絵師を登場させ、大変な評判絵師にしたのです。東洲斎写楽の誕生です。

寛政時代には江戸三座（都座／桐座／河原崎座）といわれる芝居小屋が開業していまし

たが、寛政六年の五月公演に出演している役者の上半身を描写した大首絵といわれる浮世絵が合計二八点発売されました。画家の名前は東洲斎写楽です。大首絵は喜多川歌麿にもありますが形式重視である一方、写楽の作品はそれぞれ役柄の特徴を強烈に表現した個性のある描写でした。

以後、翌年一月までに合計して一四〇点ほどの作品が発表されますが、作者は発表されませんでした。それ以後、様々な推定がなされてきましたが、現在でも確定していないままです。ドイツの評者J・クルトが「ベラスケス、レンブラントとともに世界三大肖像画家」と絶賛している絵師ですが、世界に現存する作品は六〇〇枚程度しかなく、想像もできない価値になっています。

この世界の宝物となった浮世絵を発表してから二年が経過した一七九六（寛政八）年秋に重三郎は脚気となって寝込むようになり、翌年五月に病没しました。四八歳でした。筆者の想像ですが、晩年になって重三郎が匿名の素晴らしい絵師を誕生させたのは、寛政の改革によって表現の自由が束縛されたことへの江戸っ子としての反抗の意思の表明ではないかと想像します。

幕末の国防に活躍した

江川太郎左衛門英龍《ひでたつ》

（一八〇一―一八五五）

外国の船舶が出没しはじめた江戸末期

一七九二（寛政四）年十月にロシアの帆船エカテリーナが蝦夷地の根室港に到来しました。一〇年前に漂流してロシアの船舶に救助された船頭の大黒屋光太夫と二人の船員を日本に送還するという名目でしたが、同時に船長のA・ラクスマンはイルクーツクの総督I・ピールの親書を持参し、日本との通商を要望しました。しかし、幕府は長崎以外では書類を受理できないと主張したため、ラクスマンはオホーツクに帰還しました。

この前後から日本の周辺には西欧の船舶が頻繁に出没するようになり、幕府は一八二五（文政八）年に「異国船打払令」を発令、入港を拒否します。その一例が救助した七名の日本の船員を送還するという名目で一八三七（天保八）年に浦賀に入港しようとしたアメリカの商船モリソンを砲撃したことです。それ以外にも江戸末期には、記録されているだけでも一〇〇隻以上の外国の船舶が日本近海に出没するようになります。

さらに日本周辺でも憂慮する事態が発生しはじめます。当時、イギリスは中国から陶器や茶葉などを大量に購入し輸入超過になっていたため、インドで栽培した阿片を中国

アヘン戦争（1840-42）

へ密輸した結果、巨額の金銭がイギリスに流出するとともに、国民が阿片中毒になる事態が発生しました。このような状態を看過できない清国は全面禁輸にするとともに流入した阿片を没収して焼却したため、一八四〇年にイギリスとアヘン戦争が勃発しました。

　イギリスはアジア各地から軍艦を集結させて清国の艦隊が待機していた広州ではなく、首都の北京の近傍の天津を襲撃し攪乱させました。イギリスの軍隊の内部にも混乱があり一時は一進一退でしたが、開戦から二年が経過してイギリスの勝利となり、イギリスは清国に香港を割譲させ、上海、廈門《あもい》、広州、寧波《ねいは》、福州の五港を開港させます。そのようなイギリスの横暴の様子が日本にも伝播し、徳川幕府は身構えるようになりました。

その一例が、各地に入港しようとする外国の船舶が急増してきた事態に対処するため、各藩が洋式の大砲を製造するのに必要な鉄を生産する反射炉をオランダの書物を参考に建設しはじめたことです。現在でも佐賀藩、薩摩藩、長州藩、水戸藩などが構築した反射炉の一部が遺跡として保存されていますが、江戸幕府も伊豆半島の韮山《にらやま》に建設しました。この韮山反射炉を建造した江川太郎左衛門英龍を今回は紹介します。

大砲の製造のため反射炉を構築

江川一族は関東地方を拠点とする大和源氏の系統の一族で、平安時代末期に伊豆半島に移住し、源頼朝が挙兵したときに参加、その功績により伊豆半島を領土とします。さらに江戸時代になって伊豆、駿河、武蔵などを領地とする代官となり、代々の当主は太郎左衛門という名前を襲名、一八〇一（享和元）年に誕生した英龍は三十四歳になった一八三五（天保六）年に父親が死亡したため、第三十六代韮山代官の地位を継承します。

現在では伊豆半島は関東の行楽地帯という印象ですが、江戸時代には南端の下田が大坂と江戸を往来する廻船の風待ち港湾として重要な場所でしたし、江戸城の石垣の石材は伊豆で採掘して海路で運搬されたことでも有名です。さらに幕末（一八五四年）に締結された日米和親条約では下田と函館が外国の窓口となり、初代アメリカ総領事のT・ハリスの駐在場所が下田であったことが伊豆半島の役割を象徴しています。

そのような役割のある幕末の伊豆半島の代官となった英龍は、当然ですが海防に多大の関心がありました。一八三七年にアメリカの商船モリソンが浦賀に入港しようとした前述の事件の直後には、海防について幕府に建議をしたため、翌年には幕臣の鳥居耀蔵《ようぞう》を正使とする江戸湾の防備のための現場調査に副使として参加しています。しかし、英龍は保守思想の正使の鳥居とは意見が相違し、その対立が事件に発展するようになります。

この時期に幕府の要職を歴任した川路聖謨《としあきら》の紹介で英龍は高野長英や渡辺崋山に出会います。しかし、それらの人々の知識の支援によって英龍が提案した江戸湾内の測量手法が鳥居の提案を上回ったため、不満であった鳥居の謀略によって長英や崋山が逮捕される「蛮社の獄」となり、英龍の身辺も不穏な状態になりますが、一八三四（天保五）年から本丸老中になっていた水野忠邦が英龍を評価していたため無事でした。

大砲の素材生産のため反射炉を構築

このような時期に、幕府の旧式の大砲や砲術を疑問とした英龍は忠邦の命令によって長崎で先端の西洋砲術を研究していた高島秋帆《しゅうはん》の正式な弟子となって近代砲術の勉強をしました。そこで習得した知識と経験を全国の藩士に伝達するため、江戸で「江川塾」を開塾し、佐久間象山、大鳥圭介、橋本佐内、桂小五郎、黒田清隆、大山巌など、幕末から明治にかけて日本の軍事を牽引することになる人物を育成しました。

そのような時期の一八四〇年に大陸でアヘン戦争が勃発し、清国がイギリスに敗戦して過酷な賠償を支払う結果になったため、日本も一気に国防の強化が必要という風潮になります。そのためには第一に日本に接近してくる軍艦を砲撃する大砲が必要ですが、日本の旧来の大砲では距離も精度も不足で、洋式の大砲の製造が必要になりました。しかし、従来の日本の鉄は均質ではなく、砲身が破裂してしまうという問題がありました。

そこで洋式の大砲の砲身を鋳造する鉄を生産する反射炉が必要になりました。反射炉は中世ヨーロッパで開発され、青銅の溶解などに使用されていましたが、十七世紀になって金属の精錬に使用されはじめます。構造は煉瓦で構築した炉内で木炭や石炭を燃焼させ、発生した高温の空気を天井に反射させて下部に送風するとともに、天井から放射される熱気で金属を溶融させて含有される炭素の比率を低下させるという仕組みです。

明治時代であれば外国人技術者を招聘して指導してもらえば実現可能ですが、鎖国状態の当時はできない状況でした。そこで輸入されていたオランダの書物の図解情報を参照して建造しました。各藩が独自に建造しましたが、幕府は伊豆の韮山と江戸の滝野川に建設しています。韮山の反射炉は英龍が死亡してから二年が経過した一八五七（安政四）年に息子の英敏《ひでとし》によって完成され、現在は近代化産業遺産として史跡になっています。

ペリー艦隊の上陸に対処する台場

そのような混乱の最中の一八五三（嘉永六）年六月にアメリカのM・ペリー将軍が指揮する「サスケハナ」を旗艦とする四隻の軍艦が浦賀の沖合に来航し、開国を要求する第十三代フィルモア大統領の親書を手渡そうとします。幕府の対応に時間がかかっている期間に、一部の測量をする小舟が江戸湾内に侵入するなどの圧力を誇示し、ついに久里浜に上陸して親書を幕府の役人に手渡すことに成功します。

当時、第十二代将軍徳川家慶《いえよし》は病気で、幕府は返答に一年の猶予を要求したところ同意されますが、艦隊はすぐには退去せず、江戸湾内の深部まで侵入して威嚇してから退去しました。このときの有名な狂歌が「泰平の／眠りを覚ます／上喜撰／たった四杯で／夜も眠れず」です。当面は先延ばしできたものの、猶予は一年という切迫した事態となり、幕府は英龍を幕閣に登用、江戸を黒船から防御する台場を品川に建造するよう命令します。

英龍が提案していた当初の構想は江戸湾口の浦賀水道の西側の三浦半島の観音崎と東側の房総半島の富津岬の中間に大砲を設置した人工島である第一の台場を建設、さらに横浜の本牧の付近に第二の台場、そして羽田と品川の沖合に第三の台場を構築する内容でした。しかし、ペリー艦隊が再来する一年という期間では建設できそうになく、当面、江戸から最短の距離にある品川の沖合の台場を建設することになったのです。

この台場の当初の計画は品川海岸から対岸の深川洲崎の方向に、海岸に建造する御殿山下台場と海上に造営する十一基の合計十二基の小島を構築する内容でした。このために必要な費用は七十五万両と見積もられ、資金不足の幕府は全国の御用商人や各界に献金を要請して調達することとしました。工事はペリー艦隊が一旦帰還した一八五三年八月から開始されましたが、資金不足もあり、実現したのは半分でした。

それでも現代のように土木機械や運搬手段のない一七〇年前には大変な工事で、木材や石材の確保も問題でしたが、埋立に使用する土砂の採掘と運搬が最大の課題でした。土砂は品川の海岸の背後にある御殿山や泉岳寺の一帯の小山を切削して確保し、直線で海岸まで運搬できるように途中の民家はすべて撤去して道路を整備、そこを台車や人力で運搬して、海上を小舟で埋立現場に輸送するという状態でした。

当時「死んでしまおか／台場に行こか／死ぬにゃ優《ま》しだよ／土担ぎ」という歌謡が流行したほど過酷な労働でしたが、一八五四（嘉永七）年十一月に当初の計画の半分が実現しました。しかし、ペリー艦隊は江戸湾から一旦退去した直後に将軍徳川家慶が死去したという情報を入手し、一年後に再来するという約束を反故にして、半年後の一八五四年二月に到来してしまったため、大変な労苦で建造した台場は役立ちませんでした。

しかし、この緊急事態の労苦が原因となって英龍は翌年の一八五五（安政二）年一月に病死してしまいます。英龍の実力を大変に評価していた老中首座の阿部正弘は慟哭したと伝聞されています。ペリー艦隊の二回目の来航によって一八五四年三月に幕府はアメリカと日米和親条約を締結して下田と函館を開港し、二〇〇年余の鎖国時代は終了しました。日本近代の最大の動乱の時期に幕閣として活躍したのが英龍でした。

十二基が計画された台場は六基が構築されましたが、六基は着工されませんでした。それ以後、東京湾岸の開発などが進展して次々と消滅し、現在では第三台場と第六台場のみが国指定史跡として保存され、第三台場は台場公園として一般公開されています。現在の国際情勢を俯瞰すると日本は安泰という状況ではありません。英龍が心血を注入した台場の事例から日本の今後を考察することも重要です。

自由に活動した天才

大野弁吉

（一八〇一―一八七〇）

独自に発達した江戸時代の科学技術

徳川幕府による鎖国政策のため、西欧の情報の大半は長崎の出島を経由する内容に限定されていました。そのため国内で独自の科学や技術が発展し、和算家関孝和《たかかず》はI・ニュートンやG・ライプニッツが微積分学を発表した一七世紀後半の同一の時期に微分積分の概念に到達していますし、伊能忠敬も独自の測量技術で精密な日本地図を作成、幕末に到来したイギリスの技師が再度測量する必要がないと判断したほどの精度でした。

一般には有名ではありませんが、大坂で医師をしていた麻田剛立《ごうりゅう》は独自の天体観測の知識で一七六三（宝暦一三）年の日蝕を予言していますし、ケプラーの発表からは一六〇年近く出遅れていますが、地動説を発表しています。技術の分野では歩数で距離を測定する装置や二点の高低の差異を測定する装置を開発した平賀源内のような人物も出現しています。大半は武士階級の出身ですが、庶民で様々な発明をした人物がいます。

長崎で先端技術を吸収

一八〇一（享和元）年に京都五条の羽根細工を仕事とする職人の家庭に誕生したと伝承されている中村（大野）弁吉が今回の主役です。当時はごく普通であった貧乏人子沢山を象徴するような家庭であったようで、幼少のときに比叡山延暦寺の寺侍であった叔父の佐々木右門の養子となります。この時期の様子は不明ですが、養子というのは名目で僧坊の下働きとして雇用されていたのではないかという推測もあります。

さらに弁吉はすでに幼少の時期から絵画などにも非凡な才能を発揮していたという伝承もあります。ところが二〇歳になったときに、それまでの下働きの生活から突如脱出を決意し、下山して長崎に出奔してしまいました。当時の長崎にはオランダから出島に到来していた人々が様々な西欧の最新の知識を伝達しており、弁吉の旺盛な好奇の気持ちが大胆な行動を後押ししたのではないかと推測されています。

長崎では陶磁器商の伊万里屋に寄宿していたとされ、荷役などの雑役や、オランダ人宅で下働きなどをしながら、当時の先端の知識を吸収していたようです。この荷役人夫をしていた時期ではないかと推測されますが、対馬を経由して朝鮮にも渡航しています。

帰国してからは紀州に移動し、砲術、算数、暦学などを勉強し、誕生した京都に帰還しました。そこで中村屋八右衛門の長女ウタと結婚して婿入りし中村屋弁吉となります。

結婚してから三年が経過した一八三一（天保二）年になって二人は北陸の金沢郊外の大野に移住します。弁吉は三一歳、ウタは一八歳でした。文化の中心である京都から加賀百万石とはいえ金沢という地方都市の郊外に移住した理由は大野がウタの生誕の場所であるとか、長崎に滞在していたときに金沢の豪商である銭屋五兵衛の外国貿易の通訳をした関係であるなど諸説がありますが、明確ではありません。

失脚した銭屋五兵衛

ここで弁吉の金沢での活動に密接な関係のある銭屋五兵衛（通称は銭五）について紹介しておきます。銭屋は動乱の戦国時代が終了した時期に金沢に移住してきた初代が両替商、古着商、醸造業など手広く商売を展開しますが、ここに紹介する銭五の先代の時代に経営不振で一旦廃業しました。しかし銭五が三七歳になった一八一一（文化八）年に質流れの帆船を購入して海運事業を開始して再興に成功します。

金沢の外港の宮腰（現在の金石）は北前航路を往来する帆船が寄港する重要な港湾であったため、銭五はコメの売買で大儲けし、千石船を二〇艘以上、それ以外の帆船も約二〇〇艘を所有し、全国各地に三四の支店を設置する当時の日本で有数の豪商に成長します。地元では加賀藩の勝手方御用掛の奥村栄実と結託して御用商人となり、藩が所有する商船の交易を一手に引受けて巨額の利益を獲得するようになります。

鎖国政策の当時は海外との交易は禁止されていましたが、加賀藩に献上金を納入することにより黙認され、海外との密貿易でも莫大な利益を獲得します。北方では樺太に定住しているアイヌ民族と、国後と択捉ではロシアの商人と密貿易をしていました。さらに南方では香港や廈門どころかオーストラリアまで航海し、タスマニアには領地まで所有し、現在では紛失していますが、現地に石碑まであったとされています。

しかし、七五歳になった銭五に痛恨の事件が襲来します。現在、金沢の北側にある河北潟の周囲は広大な田畑になっていますが、それは銭五が一八四九（嘉永二）年から私財を投入して干拓した成果です。しかし住民の反対などにより遅延した工事を挽回するため石灰を投入したところ、毒物を投入したと反発が発生し、関係する一一名が投獄され、銭五以下七名が獄死、銭屋の財産没収・家名断絶になってしまいました。

干拓以前の河北潟（蓮湖）

加賀の平賀源内

この事件で弁吉は逮捕されていませんし、銭五が一八二八（文政一一）年から一八五二（嘉永五年）まで自身の活動について詳細に記載した『年々留』という膨大な記録にも弁吉のことは登場しないので、親密な関係はあったものの銭屋内部の人間ではなかったと推察されます。何年に出会ったかも上記の記録には記事がありませんが、一八三六（天保七）年に銭五が隠居場所を建設しており、その前後ではなかったかと推察されます。

　弁吉は大野へ移住してから大野弁吉を通称とし、絵画、蒔絵、木彫、焼物、花火、竹細工、金細工、硝子細工、象牙細工など多数の芸術作品も制作し、象牙を彫刻した精巧な獅子舞像などが保存されています。科学の分野では暦学、数学、医学、鉱山冶金などについても精通しており、芸術と技術の両方に能力を発揮し江戸で活躍した平賀源内に匹敵すると評価され、「加賀の平賀源内」という名前も付与されています。

その知識の源泉は二〇歳代に長崎で入手した情報ですが、それらを晩年に記録したのが自筆の唯一の著書『一東視窮録』であり、当時の様々な分野の先端の情報が記録されています。一例としてイタリアの物理学者A・G・ボルタが電池を発明したのは一八世紀の最後の時期ですが、弁吉の著書には図解が記載されています。発明から数十年後の記録ですが、当時の長崎が西洋文化の重要な窓口であったことが理解できます。

彫刻や技術開発に活躍

このような才能を実際の作品に結実させていたことが弁吉の特徴です。以下に実例を紹介します。美術作品では象牙を素材として獅子舞を彫刻した小品が残存していますが、布地のシワまで克明に表現されている名品です。能登の豪商が自宅の客室に多数のサルを彫刻した欄間を弁吉ともう一人の彫師に注文したところ、弁吉の作品は一見、見栄えがしなかったが、鴨居の上部に設置すると、見事な迫力であったという伝説もあります。

弁吉の科学技術の業績は前述の『一東視窮録』に記録されていますが、実物が残存している写真機があります。フランスのL・J・M・ダゲールが一八三九年に発明した「ダゲレオタイプ」が史上最初の写真機とされますが、その二年後には日本に伝来しています。その時期、弁吉はすでに金沢郊外に移転していますから、どこかで実見した実物を参考に製作したと想像されます。その装置で撮影したのが冒頭の肖像写真です。

独自に発明した機巧としては「鼓笛舞美人」が残存しています。台座の上部に太鼓を打つ男性と仕舞を踊る女性の人形が設置され、機械仕掛けで所作をする装置です。「茶運人形」も残存し、殿様の面前で実演しています。人形の両手に茶碗を置くと殿様の手前まで移動し、殿様が茶碗を受取ると方向転換して出発地点に戻る装置です。感心した殿様が扇子で人形の頭を叩いたところ、殿様を睨みつけたという噂話も伝来しています。

職人気質という言葉を体現したような人物で、様々な逸話が伝承されています。ある金持ちが大黒天の木造を弁吉に依頼したのですが、なかなか完成したという連絡がないので督促に出向いたところ、何体もの大黒の彫像が袋詰めになっていました。どれも素晴らしい出来であったため、すべて引取ると申し出たところ、自分では気に入った作品がないので渡せないと断られてしまったという逸話もあります。

独立自尊の人生

このような性格のため、先端の知識と頭抜けた能力がありながら、愛妻と二人で陋屋に生活し、銭五が立派な家屋の建設を申し出たときにも、きっぱりと断っていますし、前田の殿様から二十人扶持で召抱えるという意向を伝達されたときも、仕事の注文は受領するけれども扶持は勘弁してほしいと拒否したと伝承されています（ただし晩年の一八六三（文久三）年以後しばらくは加賀藩の壮猶館舎密方の助手をしていました）。

銭屋とは親密な関係でしたが所属することはなく、銭五からの恩義には感謝し、前述の不幸が襲来した以後も遺族たちの世話をし、一八五八（安政五）に飛越地震が発生したときには見舞いに来訪し、銭五の長男の銭屋喜太郎の日誌に「大野弁吉地震見舞に来訪」と記載されています。弁吉は事件以後も大野に生活し、一八七〇（明治三）年五月に逝去、ウタも一八八六（明治一九）年六月に夫婦で生活していた自宅で逝去しました。

世界を旅行した女流画家

マリアンヌ・ノース

（一八三〇―一八九〇）

大英帝国を象徴する女性

「日の沈まぬ国」という表現があります。地球全域に領土を保有し、領土のどこかは日中であるという意味です。現在ではイギリスとフランスが該当しますが、この言葉を体現した史上有名な国家はハノーヴァー朝第六代女王ヴィクトリア（在位一八三七－一九〇一）が君臨した一九世紀前半から二〇世紀初頭までの大英帝国です。その統治を象徴するのは女性が単身で世界を周遊する旅行が可能であったことです。

それらのイギリスの女性でも有名な人物は一八七八（明治一一）年に日本に到来し、通訳一人のみを同伴して江戸から蝦夷まで旅行して、その旅程を『日本奥地紀行（原題は日本の未踏の旅路）』という書籍として出版したイザベラ・バードですが、それ以上に世界の隅々までという言葉が誇大ではないほど各地を旅行した女性がいました。この日本の明治時代に相当する時期に世界各地を単身で旅行した女性を紹介します。

マリアンヌ・ノース・ギャラリー

キューガーデンズにある美術館

ロンドンの都心から西側一五キロメートルほどのテームズ川沿いに王立植物園（通称キューガーデンズ）があります。一七五九年に王室宮殿付属の施設として開設され、敷地面積が一二二ヘクタールもあります。東京都神代植物公園が五〇ヘクタールですから、その規模が想像できます。ここには大英帝国の威信を象徴するように、世界各地から収集した七〇〇万点の種子植物の標本、一二五万点の菌類の標本が収集されています。

園内には数多くの施設がありますが、ひときわ目立つ巨大な温帯温室の背後に「マリアンヌ・ノース・ギャラリー」という煉瓦で構築された目立たないが風格のある建物があります。ここには一人の女性が大英帝国の領土を中心に世界各地を旅行しながら、それぞれの旅先で植物の生育する自然を描写した絵画八三二点が室内の壁面一杯に展示されています。その画家が今回紹介するマリアンヌ・ノースです。

名門に誕生した女性

彼女は同様に大英帝国の盛期に世界を周遊したバードについて「病弱で自己顕示意識が目立ち、冷淡な気風の女性」と評価していますが、この言葉は父親が牧師の中流家庭で成長したバードに比較して、マリアンヌが名門の貴族の家庭に誕生したという境遇の差異がもたらしたと想像されます。六代前の一七世紀の祖先ロジャー・ノースは何期か下院議員をした名士であり、『ノース一族の生涯』という伝記も出版している人物です。

マリアンヌの曽祖父はイングランド東部の北海に直面するノーフォークのラファムにある屋敷から、南部のイギリス海峡に直面するイースト・サセックスの港町へイスティングスに移転していました。この屋敷で一八三〇年に誕生したのがマリアンヌですが、彼女の父親フレデリック・ノースは彼女が誕生した翌年から死亡するまでの四〇年近くイギリスの国会議員をしており、その意味でも彼女は名門の女性でした。

当時の貴族の普通の生活様式ですが、彼女はほとんど学校に通学することなく、自宅を訪問してくる様々な知識階層の人々から情報を享受していました。一方で有名な生物学者C・ダーウィンからは招待されて自宅を訪問したこともあります。また貴族階層の特徴で、国内だけではなくヨーロッパ全域も家族で旅行しています。一八四八年にヨーロッパ各地で騒乱が発生していた時期でさえ、家族旅行をしていました。

一八五五年に母親が死亡すると、マリアンヌと父親の関係は一層親密になり、イギリスで国会が開催されて議員である父親がロンドンに拘束される時期以外は二人でヨーロッパ各地だけではなく、トルコ、シリア、エジプトまで旅行しています。しかし、その最愛の父親が一八六九年に死亡すると、人生の唯一の拠点を喪失し、女中一人を同伴させて海外に旅立つようになり、それが後半の人生の目標になりました。

世界各地で歓迎された旅行

父親の死後二年が経過した一八七一年になり、マリアンヌは汽船に乗船してカナダ、アメリカ、ジャマイカ、ブラジルへと旅立ちます。しかし、イギリスの名門の出身ということもあり、首都ワシントンではH・フィッシュ国務長官から招待され、長官同伴の馬車でホワイトハウスを訪問してグラント大統領夫妻に謁見し、翌日には大統領主催の晩餐会に招待され、大統領にエスコートされて着席するほどの厚遇を享受しています。

一二月になり、温暖なカリブ海域のジャマイカに移動し、キングストン郊外の住宅を賃借して長期滞在を開始します。そこでは住居の周辺の植物を描写する日常でした。翌年、ジャマイカからブラジルに移動し、イギリスから移住している親子と出会い、二人が生活している内陸のミナスジェライスの邸宅に寄宿、そこでも熱帯特有の植物の採集や描写に没頭し、至福の生活を体験し、イギリスに帰還しました。

世界一周旅行で日本も訪問

しばらくイギリスに滞在しますが、一八七四年から翌年にかけて避寒のために大西洋上にあるカナリア諸島のテネリフェ島に滞在し、ここでも特徴ある植物の描写を堪能します。そこからカナダのケベックに移動し、北米大陸を西進してソルトレークを経由してカリフォルニアに到達しました。そこではセコイアの巨木が林立するヨセミテ渓谷に感動し、さらにサンフランシスコに移動して、汽船で日本に到達します。

日本では自然の景観とともに町並や寺院に感動し多数の絵画を仕上げていますが、真冬の寒気に対応できず、翌年の一八七六年の新年早々にシンガポールに移動、そこからさらにボルネオ島北部のサラワク王国に移動しました。サラワク王国は先住民族の反乱を鎮圧したイギリス人探検家Ｊ・ブルックが一八四一年に建国し国王となっていた国家ですが、太平洋戦争になって日本が占領し、一九四六年には消滅しました。

マリアンヌが到着した時期にはブルックは健在で、その邸宅に滞在し、奥地にも出向いて植物を写生しています。そこでマリアンヌは世界最大と推定されるウツボカズラを発見し、彼女のノースという名字を使用したネペンテス・ノーシアナという学名が付与されています。そこからさらにインドネシアのジャワ島に移動しますが、そこは多数の見知らぬ植物が生育している驚異の世界で、数ヶ月間も滞在しました。

さらにシンガポール経由で一八七六年の年末にセイロン（現在のスリランカ）に到着して知人の住宅に滞在しますが、そこで撮影されたのが、冒頭にある肖像写真です。一旦帰国してからセイロンに出戻ってインドに移動、ヒマラヤ山脈の山麓まで出掛けています。これまでの紹介でも彼女が大胆な性格であることが推測できますが、今回も豪雨で大河が氾濫している時期に小舟で横断するなど豪胆な行動をしています。

美術館の開館

一八七九年に帰国したとき、それまで世界各地で描写した植物の絵画をロンドンの画廊で展示したところ人気になり、これが冒頭に紹介したキューガーデンズにある「マリアンヌ・ノース・ギャラリー」の設立の契機になりました。しかし、そのためには、まだ訪問したことのない地域の植物の絵画も必要だということになり、そのような時期に旧知の生物学者C・ダーウィンからオーストラリア訪問を進言されます。

そこで一八八〇年、再度、サラワク王国に出掛け、そこからオーストラリアの北東の先端にあるケープヨーク半島を経由して東岸のブリスベンに到着します。そして、これまでの旅行と同様に総督の公邸に滞在しますが、ナンヨウスギやユーカリなど固有の植物、コアラ、カモノハシ、カンガルーなど固有の動物にも魅了されます。以後は次第に南下して南部のメルボルンに到着し、さらに西岸のパースにまで出掛けています。

そこからメルボルンの南側にあるタスマニアを経由してニュージーランドに立寄り、北上してハワイを経由してアメリカ本土のサンフランシスコに到達しました。ここからは一〇年前に開通したばかりの北米大陸横断鉄道を利用し、セントルイス、シンシナティ、フィラデルフィアなどに滞在して、各地の植物園などを見物しながらニューヨークに到着し、イギリスに帰還するという世界一周旅行を達成しました。

帰国した一八八二年にキューガーデンズのマリアンヌ・ノース・ギャラリーが公開されました。施設は公園の入口からもっとも遠方にありますが、様々な施設を見学した人々が休憩できる場所になる位置を選定したというマリアンヌの配慮からとされていま す。彼女の自伝には一人の紳士が「これらの多数の絵画は一人の女性の作品だと評判だが本当か?」と質問したので、そうだと返事をしたところ驚嘆したという逸話も紹介されています。

大英帝国を象徴した旅行

開館はしたものの、アフリカの植物の絵画がないことを不満としたマリアンヌは早速、アフリカ大陸南端のケープタウンを訪問し、翌年の一八八三年にはインド洋上のセーシェル諸島に旅行、何枚もの傑作を制作しています。体調不良で旅行は一旦中止しますが、「チリマツ」の絵画がないことを残念とし、一八八四年一一月には強風のマゼラン海峡を通過してチリのサンチャゴに到着し、作品を完成させています。

この旅行を最後としてマリアンヌはイングランドの田舎に引退し、一八九〇年八月に六一歳で逝去しました。国際旅行は船舶しか移動手段のない時代に未開の土地を女性一人で旅行した精力には驚嘆しますが、その背後には「日の沈まぬ国」大英帝国が世界を支配したパックス・ブリタニカの存在があります。さらに彼女の場合には出自の効果による旅先での支援もありましたが、それを割引いても偉大な旅人でした。

日本の生物境界を発見した商人

トーマス・ブラキストン（一八三二－一八九一）

日本の生物境界ライン

調査のために南極大陸に短期に滞在する探検隊員を例外として、人間は南極大陸以外の陸地にだけではなく、地球の多数の島々にも定住しています。しかし、人間以外の生物は渡鳥など一部の例外はあるものの、大半は自身の生存能力に適合した場所に棲息し、越境することはありません。その越境することのない境界はこれまで数多く発見され、発見した人物の名前を尊敬して○○ラインと名付けられてきました。

世界で最初に名付けられたラインはウォレス・ラインで、一九世紀に世界各地で生物を研究してきたイギリスの生物学者アルフレッド・ウォレスがインドネシアに帰属する島々により形成されるスンダ諸島とオーストラリア大陸との中間にある海峡に、そのような生物分布の境界があることを発見し、ウォレス・ラインと名付けられています。それ以外にも世界には多数の○○ラインがありますが、日本にも存在します。

日本は島国ですから多数の海峡がありますが、生物の移動を阻止するほどの幅広い海峡はなさそうです。しかし樺太と北海道間の八田ライン、朝鮮半島と対馬の中間の対馬

生物境界ライン

ライン、屋久島や種子島と九州との中間の三宅ラインなど何本かが存在します。大半は調査して提唱した日本の学者の名前になっていますが、一本だけ外国の人名のラインがあります。ブラキストン・ラインですが、このブラキストンを紹介します。

貿易会社の箱館代表となる

八田ラインを提唱した八田三郎は動物学者、三宅ラインの名前の根拠となっている三宅恒方は昆虫学者ですから、生物の分布の境界を発見したのは納得できますが、ブラキストン・ラインの名前の根拠となっているトーマス・ブラキストンは異色の経歴の人物です。一八三二年にイギリスの南部のリミントンという地方都市の貴族の家庭に誕生し、成長して王立陸軍士官学校を卒業して軍人になったという人物です。

一八五三年に勃発したロシアとのクリミア戦争には終戦の五六年まで砲兵として参戦、その功績により戦後には大尉に昇進しています。戦争が終了し、五七年から翌年にかけて北米大陸を調査するイギリスの探検隊に参加してロッキー山脈などで鳥類の調査をしました。六一年からは軍務として中国の揚子江上流域の調査にも参加し、帰途には箱館に約三ヶ月滞在しており、これがやがて箱館で生物調査をする契機になりました。

この中国を調査旅行したことと箱館に短期滞在した経験を評価され、ブラキストンはイギリスの「西太平洋商会」に雇用されて極東で木材貿易などをすることになります。一八六二年に夫人とともにロシアの極東のアムール地方に到達し木材を調達しようとしますが、ロシアが許可してくれなかったため、前年に短期滞在した経験のある箱館を目指すことになりました。これが以後、箱館に二〇年間滞在する契機でした。

北海道内で鳥類の研究

箱館は一八五九（安政六）年に長崎、横浜とともに開港されて人口も一万人弱に発展していました。しかし、イギリスから来訪した夫人は極東の港町の単調な生活に馴染めず、しばらくして帰国してしまいました。そこで商売も順調に発展しつつあったこともあり、ブラキストンは趣味の鳥類研究を開始します。一八七四（明治七）年には道南地方と渡島半島の日本海側、翌年には根室から宗谷までの海岸を調査します。

軍人であったため鉄砲の操作は手慣れており、道内各地で次々と鳥類を収集していきました。しかし本業の木材の産地についても並行して調査し、その結果、木材の入手が困難になった函館の製材工場を一時は釧路に移設したこともありました。ブラキストンが道内の隅々まで探査していたのは鳥類を調査し収集するだけではなく、本業である木材の輸出の適地を模索していたことも反映していたようです。

しかし、鳥類の研究についても熱心であり、一八八〇（明治一三）年には、七一年にイギリスから来日して横浜の保険会社に勤務して昆虫と鳥類を研究していたヘンリー・プライヤーと二人で小笠原諸島に出掛けて鳥類の調査をし、さらに翌年には一人で南千島列島の鳥類を調査しています。それらの成果を『日本鳥類目録』とし、その内容を東京に滞在している外国の人々の組織であるアジア協会の例会で発表しています。

その重要な見解は鳥類の分布から津軽海峡が日本の動物の分布の境界になっているという発見です。さらに一八八三(明治一六)年に東京で開催されたアジア協会の例会で「日本列島と大陸との過去の接続の動物学的指摘」という講演をしています。この講演を聴講していた東京大学で地震学を教育していたジョン・ミルンは津軽海峡を「ブラキストン・ライン」という名称にすることを提案し、この名前が定着しました。

ブラキストンが日本で捕獲して標本にした鳥類は相当に多数で、一八七九(明治一二)年に函館に開拓使函館支庁仮博物館が開設されたとき、ブラキストンから寄贈された日本の鳥類の標本は一三一四羽と記録されています。それらは保管が十分ではなく紛失した標本もありますが、大半は現在、北海道大学農学部付属博物館に保管され、北海道が開発される以前の自然を記録する貴重な資料になっています。

日本の鳥類研究の有名な施設は山階芳麿が一九三二年に東京都渋谷区(現在は千葉県我孫子市)に創設した山階鳥類研究所ですが、そこには約八万点の鳥類の標本が保存されていますから、ブラキストンが作成した一三〇〇羽余の標本はわずかですが、日本で最初の収集として価値があります。それを象徴するように日本では北海道内にしか棲息していないシマフクロウの学名は「ブボ・ブラキストーニ」と命名されています。

気象観測機器や製材機械を導入

ブラキストンが近代日本にもたらした別種の重要な功績は気象観測技術です。北海道における気象観測の最初は函館のロシア領事館付医師として一八五九（安政六）年に来日したM・H・アルブレヒトですが、翌年に帰国してしまったため途絶えていました。それを再開したのがブラキストンです。ブラキストンは一八六七（慶応三）年にブラキストン・マル商会を設立して三隻の汽船を運用していたので、正確な気象情報が必要でした。

そこでイギリスの正式の検定を通過した気圧計、温度計、湿度計などの高価な観測機器を輸入し、自社で気象観測をしていました。これを継承したのが福士成豊という若者でした。箱館に設立されたイギリスのポーター商会に勤務し、測量や気象予報を勉強していましたが、一八七二（明治五）年にブラキストンから気象観測機器を譲渡され、それらの機器を自宅に設置して観測をし、日本で最初の気象予報を開始しました。

ブラキストンは人力で簡単な道具を使用して製材していた当時の日本に機械による製材技術を導入したことでも貢献しています。木材の産地スコットランドで使用されている製材機械と駆動する動力を発生するボイラーを輸入し、函館の海岸付近に設置して木材を角材や厚板に加工し、自社の三隻の汽船で中国など周辺の国々に輸出していました。研究者としてだけではなく実業家としても大変な実績のあった人物でした。

次第に発生した毀誉褒貶

このような事業の成功によって富豪となったブラキストンが函館に建設した自邸は当時は貴重なガラスを全面に使用した二階建ての豪邸で、ブラキストンは「函館の王様」として通用していました。当時は世界最強の地位にあったイギリスからすれば、日本は貧弱な国家でしたから毀誉褒貶が発生することは当然ですが、生物の生態を観察してブラキストン・ラインを発見した時期とは別人になっていたのかもしれません。

輸入した武器を幕府や明治政府に売却して莫大な利益を取得していたのは商売の一環としても、経営が困難になったブラキストン・マル商会が日本政府の許可なく証券を発行しようとした事件がありました。日本政府が紙幣の印刷を依頼したドイツの印刷会社にブラキストン・マル商会も印刷を依頼していたため発覚した事件です。これは政府がイギリス公使に談判して発行停止になりましたが、日本を植民地扱いしていた証拠です。

北海道との因縁

日本での仕事が停滞しはじめたことを契機に、ブラキストンは一八八〇年代後半にイギリスに帰国、さらにアメリカに移動してアメリカ女性と結婚して平和な生活をしていましたが、六〇歳になった一八九一（明治二四）年にアメリカで死亡しています。この結婚相手は北海道に関係のあるアメリカの女性でした。アメリカの獣医師であったエドウィン・ダンという人物が一八七三年に日本政府の開拓使に雇用されて来日しています。一八七五年に函館近郊の牧場で牡馬の去勢技術を指導し、翌年には札幌で羊、馬、牛、豚の飼育や乳製品や肉製品の加工技術も指導していました。一八八二年に開拓使が廃止になり一旦帰国しますが、日本での業績が評価され、翌年、アメリカ公使館二等書記官として再度来日し、やがてアメリカ公使となりますが、その姉がブラキストンの夫人だったのです。明治時代初期の世界規模での人間の交流を象徴するような挿話です。

近代日本の社会基盤を整備した

前島 蜜《ひそか》

（一八三五―一九一九）

動乱の幕末

一八世紀になり産業革命と社会革命を遂行して近代国家としての体制を整備した欧米諸国は極東の国々に進出すべく、帆船や汽船で次々と東洋へ接近してきました。ある調査では、一八世紀の後半から一九世紀の中頃までに日本列島の周辺に出没した外国の船舶は記録されているだけでも一〇〇隻以上になっていますし、その一部は強引に箱館、長崎、下田、浦賀などの港湾に入港し、上陸の許可を要求するようになります。

江戸幕府は一八二五（文政八）年に「外国船打払令」により排斥しようとしますが開国の圧力には対抗できず、日米和親条約（一八五四）や五カ国との修好通商条約（一八五八）によって一部の港湾への入港を許可することになります。このような事態から欧米諸国の実情を調査すべく、江戸幕府は一八六〇（万延元）年の遣米使節を皮切りに明治維新までの数年で五回の使節を派遣し、西欧諸国の実情を調査しはじめました。

さらに薩摩や長州など一部の雄藩は独自に藩士を海外に留学させて実情を調査しますが、彼我の格差を痛切に実感することになりました。しかし、しばらくは明治維新への

アメリカに到達した万延遣米使節（1860）

内乱が多発して国内が混乱し、一旦は外国との交流は減少しますが、明治政府の成立とともに欧米諸国が近代国家になる基礎となった制度や技術を導入する努力を開始します。その役割を見事に実行した一人である前島密を今回は紹介します。

母親の薫陶

前島密は江戸末期の一八三五（天保六）年に越後国頸城《くびき》郡下池部村（新潟県上越市下池部）の豪農である上野助右衛門の次男として誕生し、上野房五郎と名付けられました。しかし、前島が誕生した年に父親が病没したため、前島が四歳になったとき、母親ていは子供とともに自身の出身の高田に移動し、裁縫などの内職をしながら家計を維持し、実家にあった錦絵や書物などを使用して子供を教育します。

武家の出身である母親の教育は厳格で、前島が「夕鴉《ゆうがらす》／しょんぼりとまる／冬木立」という俳句で賞品をもらって帰宅したところ、「幼児からほめられたため自分の才能におぼれて大成しなかった人間は多数いる」と説教され、前島はこの言葉を生涯の教訓にしていたとされます。一〇歳になったとき、高田の儒学者倉石典太の私塾に入塾するため、一人で生誕の土地の実家から高田まで往復して勉強します。

その時期には杉田玄白と前野良沢が苦心して翻訳した『解体新書』が流布して、江戸ではオランダ医学が話題になっていました。その情報を伝聞した前島は江戸で勉強したいと母親に相談したところ、「一旦方針を決定したら頑張って前進しなさい」と後押しされ、一二歳になった一八四七（弘化四）年、母親から授与されたわずかな金銭を懐中にして江戸に出発しました。そこでは写本の仕事などをしながらの耐乏生活でした。

海外への視線

ところが一八歳になった一八五三（嘉永六）年に人生の転機となる機会に遭遇します。アメリカのペリー艦隊が日本との通商を要求して四隻の軍艦で浦賀に来航したのです。そこで前島はペリー提督と会見する幕府の井戸石見守の従者になって浦賀に随行しました。浦賀で艦隊の威容を目撃し、国防を真剣に検討すべきであると全国の港湾や砲台の調査に旅立ちます。この直情径行の性格は生来のものでした。

早速、郷里の越後で母親と実兄に挨拶してから全国の視察に出発します。越後から日本海側を移動して下関に到達、関門海峡を横断して九州を一周、四国を経由して紀州、伊勢を視察して江戸に帰還しました。大変に迅速な行動ですが、十分な基礎知識もなく港湾や砲台を見学しても役立たないことを実感し、江戸で砲術や数学を勉強し、さらに幕府が一八五七（安政四）年に築地に創設した軍艦教授所の生徒となって勉強します。

一八五九（安政六）年には箱館の五稜郭の設計と建設をした武田斐三郎が航海技術を教育するために開設した諸術調所に入塾し、日本で製造された最初の洋式帆船「箱館丸」に乗船して二度も日本列島を周回する航海で実技を習得します。その関係で一八六三（文久三）年に幕府が派遣する遣仏施設に同行する機会がありましたが、一行が出発する日時までに江戸に到着することができず、貴重な機会を逸失してしまいました。

そこで薩摩藩が一八六四（文久四）年に開校したたばかりの洋学を教育する開成所の英語教師になりますが、家庭の事情などもあって短期で辞任して江戸に戻り幕府の役人の前島錠次郎の養子として幕臣となり、前島来助と名乗ることになります。しかし次々と行動する性格に変化はなく、神戸が外国に開港されるという情報を入手して神戸に移動し、英語の能力を駆使して開港の準備に活躍し、注目されるようになります。

鉄道事業の計画作成

そして一八六七（慶応三）年に第一五代将軍徳川慶喜が大政奉還を表明したため、慶喜の静岡への移動とともに前島も同行し、幕府の人々が江戸から移住してくるための長屋を準備したりします。明治政府は日本の首都を京都から大坂に移動する予定でしたが、前島は江戸へ遷都することが適切であるとの文書を明治政府の中心人物の一人である大久保利通に建言します。この建言が受領されて東京が日本の首都になりました。

このような活動が評価され、前島は一八六九（明治二）年に明治政府から要請されて民部省改正掛として出仕することになります。前島の才能が敵方であった明治政府にも評価されていた証拠でした。早速、政府の参与であった大隈重信から鉄道建設の計画作成を依頼され、数日で東京と横浜を連絡する鉄道の計画「鉄道臆測」を提言し、これによって一八七二（明治五）年に日本最初の鉄道が実現しました。

郵便制度に貢献

現在の一円の郵便切手に前島の肖像が使用されていることからも想像できるように、前島は日本の郵便制度を創設した人物として有名ですが、これも発端は大隈からの要請でした。一八七〇（明治三）年、前島の役職は税制改革を担当する租税権正でしたが、迅速に鉄道敷設の企画を立案した能力を大隈から評価され、現在の郵便に相当する駅逓制度についても検討するように下命され、駅逓権正も兼務することになりました。

当時の東京・京都・大阪の区間には文書を配達する「仕立便」「差込便」「早便」「並便」という四種がありました。「仕立便」は特定の文書を配達するための手段、「差込便」は

「仕立便」に便乗する手段、それ以外で至急の配達が「早便」、至急ではない配達が「並便」です。東京と京都の区間の日数は「仕立便」と「差込便」は三日、「早便」が七日、「並便」は半月という程度でした。料金は順番に大略二三両、八両、五百文、三百文でした。（一両＝四千文）

これらを参考に、二〇日間かけて「だれでも利用できる東海道筋を毎日配達する郵便制度」の提案を作成します。ところが直後に、イギリスでの起債を破棄するために派遣される上野景範に随行することになりますが、偶然にも郵便制度に関係する体験をする旅行になります。まず横浜からサンフランシスコへの汽船がアメリカ政府公認の「郵便汽船」で、船内で郵便の投函ができる仕組があることが判明しました。

さらに到着したイギリスではR・ヒルが一八三七年に『郵便制度改革』という冊子を発行して全国均一料金で郵便を配達する制度を提言し、一八四〇年から一ペニーの切手を貼付すれば配達される郵便制度が実施され、それ以外に郵便為替や郵便貯金も開始されていたのです。前島は本務の起債の破棄のための交渉で六ヶ月間ロンドンに滞在しますが、時間に余裕ができたときにはイギリスの郵便事情を調査して帰国しました。

ところが一八七一（明治四）年八月に帰国してみると、前島の提案を基礎にした郵便制度がすでに四月に実現しており、郵政大臣に相当する駅逓正には、安政南海地震（一八五四）による津波から村民を避難させたことで有名な濱口儀兵衛（梧陵）が就任していました。そこで前島は濱口に面談して率直に意見を交換してから、大輔の井上馨と小輔の吉田清成に談判したところ、その情熱に感心した二人により駅逓頭に任命されました。

前島がイギリスに出張している期間に、郵便の配達は民間の請負事業ではあるものの西側は下関まで、南側は四国まで拡大していましたが、課題は外国との郵便の交換でした。当時、外国から横浜に到着した郵便は日本国内で配達する手段がないため、そのまま送付してきた本人に返却していました。外国と日本の郵便交換条約が締結されていない以上、それ以外に処理する方法はないということが理由です。

そこで課題は海外の国々と郵便交換条約を締結することでした。それを担当したのがアメリカで郵便事業に関係し、来日していたＳ・ブライアンでした。アメリカに派遣されたブライアンの交渉により一八七五（明治八）年に日米郵便交換条約が締結され、二年後には万国郵便連合（ＵＰＵ）にも加盟、世界各国と郵便を交換することが可能になりました。こうして一八八〇（明治一三）年までに外国の設置した郵便窓口は不要になりました。

さらに前島はイギリスで見聞した郵便為替、郵便貯金、簡易保険の業務を日本でも郵便局扱いで実施しました。郵便為替と郵便貯金は一八七五（明治八）年、簡易保険は一九一六（大正五）年に実現し、現在の郵便業務が勢揃いしました。さらに前島が努力したのが、新聞や雑誌を低額で輸送する制度の創設、失業する江戸時代からの飛脚業者を救済するため荷物を輸送する陸運元会社（日本通運株式会社の前身）の創設などにも尽力します。

それ以外にも次々と新規業務を開拓していきますが、最後の仕上げは各省に分散していた通信や交通の業務を統合する「逓信省」を一八八五（明治一八）年に創設したことです。また前島を見出してくれた大隈重信が一八八二（明治一五）年に東京専門学校（早稲田大学）を創設したときには評議員となり、校長にも就任しています。社会が激変していた幕末から明治にかけて、その先端で多数の制度を創設した偉人でした。

日本の近代医学を開拓した

北里柴三郎

（一八五三―一九三一）

日本のノーベル賞受賞者は戦後の一九四九年にノーベル物理学賞を受賞した湯川秀樹博士が最初です。これは戦後の重苦しい時期の日本にとって光明をもたらす快挙でした。戦前にも候補になった学者は何人も存在しましたが、残念ながら受賞にまでは到達しませんでした。しかし、ノーベル賞の表彰制度が開始された最初の一九〇一年に有力な候補になっていた日本の学者が存在します。その学者を今回は紹介します。

東京医学校に入学

江戸末期の一八五三（嘉永五）年の年末に豊後国（大分県）と隣接する肥後国（熊本県）の北東にある小国郷北里村の庄屋の家庭に誕生したのが今回紹介する北里柴三郎です。武家の出身で江戸での生活経験もある母親の厳格な指導によって成長し、明治時代になった一八六九（明治二）年に細川藩の藩校である時習館に入学しますが、翌年に廃校になってしまいます。そこで一旦帰郷して、地元で教師をして生活していました。

しかし、一八歳になった一八七一（明治四）年に細川藩が開所した古城医学所（現在の熊本大学医学部）に入学し、オランダから来日し、長崎医学所の教師であったC・G・

小石川植物園に移築された東京医学校

ファン・マンスフェルトに出会います。マンスフェルトからは医学だけではなく語学も指導されますが、北里は語学の才能があり、翌年には通訳をするまでにオランダ語が上達しました。しかし一八七四（明治七）年にマンスフェルトは帰国してしまいます。

そこで医学の分野で活躍しようと決心した北里は一八六八年に創設された東京医学校（現在の東京大学医学部）に入学し、そこで医学を勉強します。生来の強気の性格のため教授の論文に口出ししたりしていたため順調に進級できず、何度も留年して三一歳になった一八八三年に卒業しました。成績は二六名中八番でした。大学での経験から「予防医学が医師の使命」と確信し、内務省衛生局に就職することを選択します。

コッホの研究室に留学

そこにはやはり肥後国の出身で、古城医学校では同期であった緒方正規がすでに三年前に東京医学校を卒業して内務省衛生局試験所の所長に就任し、東京大学教授も兼務していました。その緒方の斡旋で北里は三二歳になった一八八五年からドイツに留学することになります。北里は幕末から明治にかけての日本で何度も流行して多数の国民が死亡している伝染病を予防するための研究を目指すことにします。

そこで当時の細菌学の権威で、炭疽菌、結核菌、コレラ菌を発見し、一九〇五年にはノーベル生理学・医学賞を受賞するベルリン大学のR・コッホに師事して研究を開始します。北里が優秀であったことを証明する逸話があります。一八八七年に陸軍省医務局長の石黒忠悳が北里に「近代衛生学の父」とされるM・J・フォン・ペッテンコーファーの研究室に移動することを要請しますが、コッホは手放しませんでした。

ジフテリアの血清療法を開発

留学して四年が経過した一八八九年に北里はコッホの指示で破傷風菌の純粋培養の研究を開始し成功します。破傷風菌は一八八四年にドイツの研究者A・ニコライエルが発見していました。しかし、その菌だけを純粋培養することには成功していなかったのですが、北里が見事に達成しました。これは医学界に衝撃をもたらしましたが、北里はさらに菌を少量ずつ注射して抗体を生成させる血清療法まで開発してしまったのです。

この血清療法をジフテリアに応用し、その成果を一八九〇年の『ドイツ医学週報』に「動物におけるジフテリア免疫と破傷風免疫について」という論文にし、同僚であるE・A・フォン・ベーリングと共著で発表しました。当時、ジフテリアは感染すると四〇%は死亡するという病気であったため大変な反響でした。しかし、一九〇一年の第一回ノーベル生理学・医学賞はベーリングの単独受賞になってしまいました。

大変に残念な結果ですが、いくつかの背景がありました。第一にベーリングが『ドイツ医学週報』の次号に血清療法の詳細な結果を単独で発表したこと、ノーベル生理学・医学賞を選考したスウェーデンのカロリンスカ研究所が血清療法はベーリングが開発したもので、北里は実験結果を提供しただけであると判断したこと、さらに初期のノーベル賞は共同受賞の仕組みがなかったことなどが理由とされますが残念なことでした。

脚気の原因の論争で騒動

一八九二年に帰国した北里は日本でも論争に関係することになります。当時、日本では軍隊で脚気が流行し、弾丸で死亡する兵士より脚気で死亡する兵士が多数であるという状態でした。日露戦争では陸軍で四万七〇〇〇人の兵士が死亡していますが、銃弾で死亡した兵士は一万九〇〇〇人である一方、脚気で死亡した兵士が二万八〇〇〇人という状況でした。ところが海軍では脚気によって死亡した兵士はきわめて少数でした。

北里が留学している時期にオランダの学者が脚気の病原菌を発見したという論文を発表します。北里はコッホの指示で追試をしたところ、病原菌説は実験の不備によるもので、原因は栄養の偏りであることを明確にします。日本の陸軍と海軍の差異の原因も海軍の主食が麦飯であるのに陸軍は白米であることでした。しかし、その病原菌説を主張しているのは北里を留学させてくれた恩人の緒方であるため、発表を躊躇していました。

しかしドイツでの恩師の一人Ｆ・レフレルに「学問の世界では私情に左右されてはいけない」と説得され、脚気病原菌説は間違いと発表します。緒方は反論しますが、より強力に反論したのは東京医学校出身で陸軍軍医部長の森林太郎（鴎外）でした。当時の兵士の大半は白米に縁遠い寒村出身で、せめて兵役の期間には白米をという温情が背景にありました。鴎外は「識を重んぜるあまり情を忘れしのみ」と北里を酷評しています。

窮地の北里を支援した福沢諭吉

この母校との複雑な関係を拡大する事件が発生します。一八九〇年にコッホは結核の治療に有効なツベルクリンを開発します。これは後程、治療には無効であることが判明しますが、当時は大変な反響で、世界から学者がコッホを訪問しました。日本政府も東京大学の三人の学者を派遣してコッホから情報を入手しようとしましたが、コッホは日本からはすでに研究者（北里）が在籍していると対応しませんでした。

脚気病原菌説による北里と東京大学との対立、そしてツベルクリンの情報入手についてコッホの日本への冷淡な対応が重複し、北里は日本で困難な状況に遭遇します。しかし北里は、一八九二年に六年半になるドイツでの研究生活を終了して帰国を決心します。ノーベル賞候補にもなった北里には世界の大学や研究機関が招聘しようと接触しますが、北里は同胞を病気から救済するために日本で研究を継続すると帰国しました。

ところが東京大学を卒業した医学関係の人間が多数所属している日本の政府機関は、それらの人々に気兼ねして北里を雇用しようとせず、北里は帰国したものの研究する場所が発見できませんでした。そこに登場したのが福沢諭吉です。福沢は子供の住宅を建設するために芝公園に土地を購入していましたが、一八九二年に、そこへ建坪一〇坪程の二階建ての木造建築を建設して「私立伝染病研究所」として北里を所長とします。

翌年には建物が手狭になり、東京都から芝区愛宕町の用地を入手して移転を計画します。しかし近隣住民だけではなく、帝国大学初代総長の渡辺洪基《ひろもと》までもが伝染病の研究は危険だと反対します。そこで福沢は敷地の付近に土地を購入して自分の次男の住宅を建設し、北里の研究は安全だと宣伝するほど応援しますし、帝国議会の議員一八〇名が財政支援を決議し、補助金を支出して応援した結果、一八九四年に移転が実現します。

北里はドイツにおけると同様に日本でも研究に活躍し、帰国して二年後の一八九四年には香港でペストが流行した直後に自身で香港に出張してペスト菌を発見していますし、九七年には帝国大学医科大学を卒業して私立伝染病研究所に入所した志賀潔が赤痢菌を発見するなどの業績を発表しています。九九年には私立伝染病研究所が内務省の所管する国立伝染病研究所になり、場所も芝区白金台町に移転しました。

これ以後は、研究とともに社会での活躍が増加していき、一九〇六年には日本連合医学会会頭、一三年には自身が創設した日本結核予防協会理事長などに就任しますが、一四年に国立伝染病研究所が文部省の所管になったことを契機に所長を辞任し、芝区白金三光町に私立北里研究所を創設して所長、一五年には恩賜財団済生会芝病院を創設して院長、一七年には慶應義塾大学に医学科を創設して医長に就任するなど活躍します。

一九〇一年のノーベル生理学・医学賞を受賞できなかったことは日本国民としては残念なことでしたが、創設されたばかりのノーベル賞は最近のように世界の話題になる制度ではなく、北里にとってはそれほど残念なことではなかったようで、はるかに痛恨であったのは大変な支援をしてくれた福沢諭吉が同年二月に逝去したことであったと想像されます。いずれにしても明治時代の日本人魂を象徴する偉大な人物でした。

世界の女性の首を飾った

御木本幸吉

（一八五八―一九五四）

貴重であった天然真珠

古代エジプトのプトレマイオス王朝の女王クレオパトラはローマ帝国から派遣された将軍M・アントニウスを自身の美貌と盛大な宴会で骨抜きにする策略を実行しました。一例は自身が使用していた耳飾りの世界最大の真珠をワインヴィネガーで溶解して乾杯したことです。この真珠一個で小国を購入できるほどの価値があり、策略は見事に成功、アントニウスは離婚してクレオパトラと結婚、ローマ帝国と対決して最後は自殺という結末になります。

同様の権力と美貌と真珠の逸話は中国にも存在します。唐代の九代皇帝の玄宗は自身の一八人目の息子の夫人であった女性に魅了されて皇后にします。これが有名な楊貴妃です。皇帝六一歳、楊貴妃二七歳でした。皇帝は楊貴妃のために真珠風呂を用意し、真珠を粉末にして飲用させていたという伝説もあります。このような贅沢な行動のため、当然のように反乱が発生し、七五六年に楊貴妃は三八歳で縊死《いし》、玄宗は余生を監禁生活することになります。

大英帝国王冠

二〇二二年九月に挙行された大英帝国女王エリザベス二世の葬儀では、霊柩《れいきゅう》の上部に王位を象徴する大英帝国王冠が設置されていました。王冠は一九〇五年にアフリカで発見された史上最大のダイヤモンド原石「カリナン」から加工された三一七カラットのダイヤモンドを中央に配置し、二八六八個のダイヤモンド、二七三個の真珠、一七個のサファイアなどを使用して一九三七年に製作された重量が一キログラムにもなる豪華な品物です。

真珠は二枚貝の内部に異物が侵入し、それを包含するようにカルシウムと有機物質が積層して形成される物質ですが、真球の形状の真珠は珍重され、大変に高価な宝石でした。しかし現在では、多数の女性が最初に購入するのが真珠の指輪や首飾りで、日本でもっとも多数の女性が所有している宝石になっています。かつては王侯貴族しか所有できなかった宝石を一般の庶民が購入できるように変革したのが今回紹介する御木本幸吉です。

養殖真珠へ挑戦開始

一九世紀まで世界の主要な真珠の産地は中東のペルシャ湾とオーストラリア大陸北側のアラフラ海でしたが、日本でも一七〇〇年代初期に発行された絵入り百科事典『和漢三才図会』には「真珠」という項目に「伊勢真珠」と「尾張真珠」が登場し、小粒の真珠は薬剤に利用し、大粒の真珠は高価で売買されると説明されています。その「伊勢真珠」の産地の中心は鳥羽地方で、海女が海中から採取するアコヤガイに真珠が発見されることがありました。

その鳥羽に「阿波幸」という屋号の有名なうどんの製造販売をする商店があり、そこに一八五八（安政五）年に長男として誕生したのが御木本幸吉（幼名は吉松）です。幸吉はうどんの製造販売では蓄財できないと判断し、野菜の販売などをしていましたが、二〇歳で家督を相続した一八七八（明治一一）年に東京と横浜に旅行したとき、小粒の真珠が薬剤として高額で中国商人に売却されていることを見聞し、これを商売の対象にしようと決心します。

早速、鳥羽で真珠採取の現場を調査してみると、真珠が高額の商品になるということでアコヤガイが乱獲されて水揚げが減少していることが判明しました。そこで一八八八（明治二一）年に上京したとき、大日本水産会の幹事長職にあった柳楢悦《ならよし》に相談したところ、協力してもらえることになり、地元の海底に煉瓦や小石を配置して稚貝が付着できるように準備をしました。これは成功しましたが、これでは偶然に真珠が誕生することを期待するだけでした。

そこで多数の真珠の生産方法を工夫する必要があると、再度、柳楢悦に相談したところ、東京帝国大学理科大学教授の箕作《みつくり》佳吉《かきち》を紹介され、一八九〇（明治二三）年に教授と大学院生の岸上謙吉に面会します。教示されたのは中国で一二世紀から実際に実施され、ヨーロッパでも多数の人々が実験している方法で、アコヤガイの内部に人工の異物を挿入することでした。方法は解明されましたが、課題は産業として成立する技術の確立でした。

半球真珠の発見

そこで幸吉は地元で実験を開始しますが、どのような素材が中核として適切かも不明のため、陶器や珊瑚や硝子の欠片を用意して、地上に並べたアコヤガイが貝殻を開口した瞬間に挿入するという方法で開始しました。研究が進展してからは、外套膜《がいとう》という器官に異物が侵入すると刺激があるので、それを緩和するためにカルシウムを分泌して結晶になるのが真珠だと判明していますが、そのような知識はなく手当たり次第に実験を実施していました。

まったく成果のないまま実験を継続していましたが、借金が増加し、周囲の人々も次第に近付かないようになり、応援してくれるのは一〇年前に結婚した夫人のうめだけという状態でした。そのような困窮状態に追討ちをかけるように、一八九二（明治二五）年に養殖していた英虞湾《あごわん》神明浦の海域に赤潮が発生し、幸吉が養殖していた五〇〇〇個近いアコヤガイが全滅し、これまで四年間の努力が水泡になってしまいました。

しかし幸運なことに、分散して養殖していた相島《おじま》という場所では赤潮が発生しなかったので、翌年七月にうめとともに出掛けてアコヤガイを次々と開いたところ、半球ではあるものの五個の真珠を発見しました。完全ではありませんが人工手段で真珠が誕生したということで、一八九六（明治二九）年一月に半球真珠の特許を取得しました。しかし、その幸福の三ヶ月後の四月に必死で応援してくれた愛妻うめが死亡してしまいます。三二歳でした。

養殖真珠は当時としては夢想のような途方もない発想でしたが、特許の取得に成功したことによって、幸吉の次弟夫妻、三弟夫妻など地元の親戚の人々が手伝うようになります。それについては、まだ真偽が明確ではない技術を応援するのは身内以外に存在しなかったという見解と、外部から大口出資があると成功したときの事業の独占に支障が発生することを憂慮して、幸吉が親戚以外の人々の雇用に前向きではなかったという見解があります。

一気に世界へ発展

幸吉の特許は半球真珠を対象にしたものですが、真球真珠の養殖生産は二人の人物が別々に発明しています。一人は幸吉の次女と結婚した西川藤吉で幸吉の設立した施設で研究し一九〇七（明治四〇）年に出願、もう一人は三重で研究していた見瀬《みせ》辰平で同年に特許を出願し紛争になります。結局、特許を共有することで決着し、外国では「見瀬・西川手法」と名付けられています。不幸なことに西川は特許が成立した翌年に病没してしまいました。

特許を取得できたため、幸吉は様々な事業を整理し、養殖真珠に専念することにします。一方、幸吉の成功が契機となって養殖真珠を目指す人々が登場し、幸吉は特許侵害で訴訟しますが、裁判では幸吉の方法は特許出願以前から書物などで周知の事実であったという判決になり、独占の時代が終了します。そこで幸吉は実績で勝負するため、一八九九（明治三二）年に東京に養殖の半球真珠と全球の天然真珠を販売する御木本真珠店を出店します。

この戦略が奏功し、一九〇二（明治三五）年に小松宮彰仁《こまつのみやあきひと》親王がイギリスのエドワード七世の即位の儀式に出席するときの土産として御木本真珠店で真珠を購入されたため、一気に有名になります。この真珠は途中でパリの装身具店で加工されて国王に献上されたため、幸吉は真珠のみではなく、加工することで付加価値が向上することに気付きます。そこで実弟の斎藤信吉《のぶよし》と義弟の久米武夫を海外に派遣して技術を習得させます。

これらの行動からも理解できるように、幸吉は技術開発に熱心であるだけではなく、商売の才覚が優秀で、海外に派遣した二人の社員の情報を参考に一九〇七（明治四〇）年には築地に御木本金細工工場を開設して生産から加工・販売まで一貫する体制を整備するとともに、一九一三（大正二）年にロンドン支店を開設して以後、上海、ニューヨーク、パリ、ボンベイ、ロサンゼルス、シカゴ、サンフランシスコに次々と支店を開設していきます。

幸吉は宣伝にも天賦の才能がありました。一九二六年にフィラデルフィアで開催されたアメリカ独立一五〇周年記念博覧会には真珠と貝殻で製作した五重塔を出展、一九三九年にニューヨークで開催されたワシントン大統領就任一五〇周年記念博覧会にはアメリカの独立を象徴する「自由の鐘」を一万二二五〇個の真珠と三六六個のダイアモンドで製作して会場に展示して「一〇〇万ドルの鐘」と賞賛されました。

一方、幸吉は養殖の技術開発にも注力し、大正時代中頃に真球真珠の生産に成功し、世界に供給されるようになりますが、これが国際騒動の原因になります。当時はペルシャ湾産の天然真珠が主流で価格も安定していましたが、日本から天然真珠と見分けのつかない安価な養殖真珠が大量に市場に流入したため、価格が一気に下落しました。そこでイギリスとフランスの真珠商人が天然真珠と見分けのつかない養殖真珠を偽物として訴訟しはじめます。

御木本側はオックスフォード大学のR・ジェームソン教授、ボルドー大学のH・L・ブータン教授など著名な学者を証人として対抗した結果、イギリスの組合とは短期で決着がつきましたが、フランスの組合は天然真珠と養殖真珠には差異がないという判決を了承せず、ようやく一九二七年に決着し、以後、日本の養殖真珠が世界を席巻することになります。さらに一九二四（大正一三）年には多額納税者として、幸吉は貴族院議員にも就任します。

養殖真珠の影響は天然真珠の世界有数の産地であったペルシャ湾岸の国々にも波及します。それらの国々の最大の輸出産品は天然真珠でしたが一気に需要が消滅することになり、真珠以外の産業資源への転換を模索した結果が石油でした。現在、人口三〇〇万人弱のカタールの一人あたり国内総生産が世界八位、人口五〇〇万人強のオマーンが四九位であるのは、幸吉が養殖真珠を発明し、世界に浸透させた効果ということもできます。

日本に登山を根付かせた

ウォルター・ウェストン

（一八六一ー一九四〇）

宗教行事であった日本の登山

一九二四年にエベレストの頂上を目指すイギリスの遠征の隊員として参加し、頂上付近で消息不明となったG・マロリーは生前に「なぜエベレストを目指したのか」と質問されたとき、「そこにエベレストが存在するから」という有名な返答をしたことが記録されています。この言葉が象徴するように、西欧社会の登山は未開の土地を探検するのと同様に、未踏の高山に挑戦するということを目標としてきました。

一方、日本では多数の山々は山岳全体が神体であり、それを山麓の里山と背後の奥山に区分し、里山は植物を採集し、動物を狩猟する場所として人々が日常生活で利用する一方、奥山は神聖な空間として山頂には神社を造営し、特別の時期にだけ入山して参拝する場所とされてきました。そのため山麓には拝殿を造営し、日常は山麓で参拝するというのが日本の伝統でした。この伝統が現在でも存続している山々は多数存在します。

筆者は山形の出羽三山で出羽修験を何度か体験したことがありますが、早朝に谷川で沐浴して白衣の装束に着替え、最初に羽黒山頂にある出羽三山神社に参拝、そこから登

月山神社本宮

頂して月山山頂にある月山神社本宮に参拝し、最後に湯殿山神社本宮に参拝するという行程でした。かつては女人禁制でした。これらは出羽三山だけの伝統ではなく、日本の高山の大半が神々の存在する特別な空間として、このように維持されてきました。

ところが幕末から明治にかけて西洋の人々が日本に滞在するようになり、この伝統が崩壊していきます。一例として一八五九（安政六）年に来日、初代駐日公使となったイギリスのR・オールコックは日本国内を自由に旅行する特権を誇示することも目的に、翌年九月に富士登山を実行します。山頂では火口に礼砲を発射、イギリス国歌を斉唱、女王陛下を祝福してシャンパンで乾杯するなど、日本の伝統を無視するような登山でした。

来日した外国人が打破した日本の伝統は登山の目的だけではなく、女性の登山を可能にしたことです。オールコックの後任として一八六五年から駐日大使になったH・パークスは一八六七（慶応三）年に夫人を同伴して富士登山をします。それまで干支が六〇年に一度の庚申の年にのみ、日本の女性も中腹まで登山を許可されていましたが、パークス夫人の登山を契機に、明治政府は一八七二（明治五）年に女人禁制を解除します。

登山をスポーツにした英国男性

このような時代の変化を背景に、それまで宗教行事であった日本の登山をスポーツに変化させたイギリスの男性が登場しました。その人物ウォルター・ウェストンを紹介します。ウェストンは日本では江戸末期になる一八六一年にイギリス中部の都市ダービーに工場を経営する家庭の六男として誕生しました。地元の学校で初等教育を修了してからケンブリッジ大学クレア・カレッジに入学し、学士の称号を獲得しています。

そこを修了してイングランド国教会の一派であるアングリカン・チャーチの司祭とな

り、一八八八（明治二一）年にイングランド国教会から宣教師として日本に派遣されます。イギリスの汽船「ロンバーディ」に乗船して長崎に到着し、そこから一旦、大阪に移動して、再度、長崎、熊本を経由して翌年一二月に神戸に到着してユニオンチャーチの牧師に就任しますが、その本業よりも熱中したのが登山でした。

イギリス本国には高山がなく、最高がスコットランドのハイランド地方にある標高一三四四メートルのベン・ネヴィスであるため、登山に興味のある当時のイギリスの人々はヨーロッパアルプスを目指すのが一般でした。ウェストンも来日する以前の一八八五年から八六年にかけてマッターホルンやヴェッターホルンなどに登頂していましたし、学校ではマイル競走で学校記録を樹立するほどの運動能力も発揮していました。

そのようなウェストンにとって各地に三〇〇〇メートル級の高山が存在する日本は魅力ある国土でした。神戸に定住した翌年の一八九〇（明治二三）年に九州の阿蘇山、祖母山、霧島山、日光の白根山、さらに富士山にも登頂しています。以後も、九四（明治二七）年に一旦帰国するまでの五年間に、富士山に二度、北アルプスの槍ヶ岳に二度、笠ケ岳に三度、常念岳、乗鞍岳、白馬岳、南アルプスの赤石岳など三三座に登山しています。

驚嘆すべきことは、これら三三座のうち、外国の人間として最初に登頂した高山が九座もあることです。このような実績が評価され、ウェストンは一八九三年にイギリス山岳会「アルパインクラブ」に入会が許可されました。その申請書類には九〇年から九二年にかけての三年間に日本で登頂した一六の山々が記載されています。富士山には毎年一回登山しており、そのうち一回は残雪のある五月の登頂です。

一旦帰国して結婚

このように本業の布教よりも登山に熱中するウェストンを懸念した文書が存在します。日本での布教の責任者である日本聖公会のW・オードレイ主教が一九〇二（明治三五）年一月にイギリスの本部に発送した手紙に、ウェストンが登山のために頻繁に休暇を取得するので信者が不満を表明していると記載し、文末に、結婚すれば人間は変化し成長するだろうと希望を陳述しているのですが、これが完全な裏目になってしまいます。

ウェストンは一八九四（明治二七）年一〇月に一旦イギリスに帰国し、会員となっているアルパインクラブで「日本アルプス登山と山岳信仰」について講演をするとともに、相変わらずヨーロッパアルプスのアイガー・ヨッホなどに登山をしていました。そして一九〇二年に貴族の家庭の次女で一〇歳年下のフランシス・エミリーと結婚しました。父親はイギリスの鉄道やアフリカの鉄橋を建設した技師でした。

ところが夫人は前述のオードレイ主教の期待を完全に裏切る女性でした。そもそも二人が出会ったのがヨーロッパアルプスの名峰ヴェッターホルンの登山の途中であり、ウェストン以上の山登りの達人でロッククライミングもこなす女性だったのです。二人は大西洋を経由してアメリカ大陸を鉄道で横断、カナダのヴァンクーバーから汽船で一九〇二年六月に横浜に到着し、そこで新婚生活を開始します。

二人は早速、七月に富士登山をしますが、このときは大人しい登山でした。ところが二年後の一九〇四（明治三七）年に夫婦で山梨県側の富士吉田から登山し、頂上から一七〇メートルもある噴火口の底部まで降りています。周囲を一巡する「お鉢巡り」だけでも一時間半はかかる難行ですが、これはさらに大変で、富士浅間神社の神主が「噴火口の秘密を探査した最初のヨーロッパ女性」としてメダルを贈呈したほどの快挙でした。

一九九六年に豊田市で「ウェストンのみた明治・大正の日本」という催事が開催され、一枚の写真が話題になりました。長野の戸隠山の「蟻の門渡り」は両側が絶壁で何人もが転落死している難所ですが、そこにロングスカートの女性が立っている一九〇四（明治三七）年の写真です。ウェストンが撮影した夫人の雄姿ですが、この写真の発見を契機に戸隠村（現在は長野市の一部）で「ミセス・ウェストン祭」が開催されるようになっています。

四年間で一六座に登頂

このような登山能力のある女性とともにウェストンは一旦帰国する一九〇五（明治三八）年までに一六座の山々に登頂しています。それは案内してくれる地元の人々の支援があったからですが、最大に貢献したのは上高地の猟師で依頼されれば山案内人もしていた上条嘉門次です。一九一三（大正二）年にウェストン夫妻が上高地から飛騨山脈の山々に登山するときに案内し、夫妻とともに河童橋で撮影された写真が現存しています。

夫妻は一九〇五年に帰国しますが、一一（明治四四）年に再度来日し、一五（大正四）年に帰国するまで、夫妻で一〇座以上の山々に登頂しています。とりわけ夫人は槍ヶ岳に女性としては最初の登頂に成功しています。帰国したウェストンは日本の未踏の山々を踏破し調査したことを評価され、一九一七年にイギリスの王立地理学会から毎年一人にしか授賞しない「バック・アウォード」を受賞しています。

各地で敬愛されたウェストン

日本各地では便所も風呂も食事も和風の時代に、古来の風習を素直に受入れて旅行をしていたウェストンは各地で歓迎され、国内一五ヶ所に彫像やレリーフが設置されています。とりわけ有名なレリーフは上高地に設置されたものですが、太平洋戦争中に消滅したことがあります。金属供出運動が活発になり、敵国の人間のレリーフが供出されることを危惧した地元の人々が撤去して秘密に保管していたのです。人望があった証拠です。

前述のように「ミセス・ウェストン祭」が長野県戸隠村で開催される以上に「（ミスター）ウェストン祭」は各地で開催されており、その最初は終戦直後の一九四七年に上高地で開催された「第一回ウェストン祭」です。二〇二三年には第七七回が戦中には秘匿されていたレリーフを復活させた記念碑前の広場で開催されています。日本のスポーツ人口で登山は六位の人気ですが、その基礎を開拓したのがウェストンなのです。

アメリカの放送産業を開拓した

デイヴィッド・サーノフ

（一八九一―一九七一）

無線通信時代の登場

一九世紀の最後の一〇年間は無線について様々な発見が相次ぎ、電波で遠隔の場所と通信できる技術が開発されます。実用に貢献したのはイタリアのG・マルコーニで、一八九七年にマルコーニ無線電信会社、一九〇〇年にマルコーニ国際海上通信会社を設立、ヨーロッパを中心に無線通信サービスを提供します。そして一九〇一年にはカナダ東端からイギリス南西のコーンウォールまで大西洋上を横断する通信に成功しました。

その結果、多数の船舶が無線通信設備を搭載し、洋上から陸地への通信だけではなく、船舶と船舶の通信も可能になりました。その重要な役割を社会が認識したのが豪華客船タイタニックの事故でした。新造された四万六〇〇〇トンのタイタニックは一九一二年四月一〇日にイギリスのサウサンプトンを出航、大西洋横断新記録を目標にニューヨークを目指しました。そして四月一四日の深夜に運命の海域に到達します。

そのとき船員が前方に氷山を発見しますが、一帯は濃霧の発生しやすい場所で、発見したときには回避はできず衝突してしまいました。タイタニックは遭難信号を発信しま

豪華客船タイタニック

すが、現場から二〇キロメートル付近にいた船舶の通信技師が就寝していたため救難信号を受信できず、それ以外の船舶は数百キロメートル遠方を航行しており到着に時間がかかり、一五〇〇名以上が犠牲となる海運史上有名な惨事になってしまいました。

この事故現場での無線の交信をアメリカで受信していた人物がいました。マルコーニがニューヨークのマンハッタンの百貨店内に設置した無線通信施設の技師が遭難現場付近に接近していた客船オリンピックが発信した「客船タイタニックが氷山に衝突、沈没しつつあり」という信号を傍受したのです。この二一歳の若者は遭難現場付近で船舶が交信する無線通信の内容を傍受して全米に中継し一躍有名になりました。

タイタニックの悲劇を中継

この若者デイヴィッド・サーノフを今回は紹介します。サーノフは現在はベラルーシであるロシア帝国のベロルシアの首都ミンスクの付近の寒村シュテトルのユダヤ人家庭で一八九一年に誕生しました。当時のロシア帝国では多数の下層階級の人々が国外に流出していました。一九世紀後半のロシア帝国の人口は約一億人でしたが、毎年一〇〇万人近い人々が国外に脱出し、サーノフの父親も一八九六年にアメリカに移住しました。

四年が経過し、ロシアに残留していた家族は父親の生活するニューヨークのロワー・マンハッタンのイーストエンドという下層階級が集中している地域に移住しましたが、父親の収入は一家の生活を維持できるほどではなく、サーノフは街角で新聞を販売して生活します。しかし若者の時代から商才のあったサーノフは新聞をまとめて購入して各戸に配達する人々に再販する商売を開始し利益をあげるようになります。

そして一六歳になった一九〇六年に、無線通信を発明したマルコーニが経営するアメリカ・マルコーニ無線電信会社に給仕として入社し、マルコーニから電信機械の使用方法だけではなく、会社経営の仕組みなども勉強していきます。有能であったため、ブルックリン地区の無線電信局責任者、さらにマンハッタン地区のワナメーカー百貨店内に設置された無線電信局通信士に昇格、そこで運命の機会に出会うことになりました。

前述のように、一九一二年四月一五日の深夜、沈没しつつある汽船タイタニックの乗客の救助に到着した客船オリンピックが発信した無線を受信したのがサーノフでした。最初に受信してから丸三日間、サーノフは不眠不休で救難活動に従事している船舶の発信する電波を受信し社会に伝達しました。当時の第二七代タフト大統領はサーノフが受信する無線を邪魔しないように、マンハッタンの無線使用を制限したほどでした。

RCAの総支配人に就任

サーノフの奮闘の効果は絶大で、無線通信は物珍しい科学技術ではなく、航海の安全にとって重要な手段だという理解が浸透し、一定規模以上の船舶には無線装置と救難信号SOSを発信する装置の設置、そして専門の無線技士が乗船することが法律によって義務とされるようになりました。このような無線の役割が注目されるようになって、多数の人々に一斉に情報を伝達するラジオ放送のアイデアが登場してきました。

そのような背景から一九一九年に、ジェネラル・エレクトリック（GE）が中心となってウェスティングハウス（WH）、アメリカ電信電話会社（AT&T）というアメリカを代表する電気機器や通信関連の企業が出資してラジオ・コーポレーション・オブ・アメリカ（RCA）が設立されました。この会社にはアメリカ・マルコーニ無線電信会社も参加したため、そこに所属していたサーノフはRCAの総支配人に任命されます。

ここでもサーノフは将来を見通す才能を発揮しました。当時の無線通信は特定の地点から特定の地点へ情報を伝達する通信手段と理解されていましたが、これを特定の地点から多数の人々へ一斉に情報を伝達する放送手段に拡大したのです。当時は電波の利用に厳格な規制がなかった時代で、サーノフは次々と各地の電波の周波数帯を確保し、一九二六年までに全米を一体とする放送ネットワークを構築してしまいました。

アメリカ最初の放送会社NBC

このネットワークを運営する会社はNBC（ナショナル・ブロードキャスティング・

コーポレーション）と名付けられ、アメリカ全域に番組を提供する最初の放送会社としてRCAの下部組織となりますが、現在のアメリカの三大放送ネットワークの一社でもあります。このような斬新な事業発想と的確な経営手腕を評価され、一九三〇年にサーノフはRCAの社長に就任し、次々と新規の事業を開拓していきます。

この目覚ましく発展していく分野には当然、競争相手が登場します。CBS（コロンビア・ブロードキャスティング・システム）です。一九二七年に創設された放送会社UIB（ユナイテッド・インデペンデント・ブロードキャスターズ）を購入したW・S・ペイリーが名称をCBSに変更したラジオ放送会社で、全米各地の放送会社を次々と買収して全米にネットワークを形成してNBCに対抗する放送会社になります。

それに対抗するため、サーノフはNBCの放送内容を文化番組や教養番組を中心とすることにし、本人は特別に音楽に関心があったわけではありませんが、フィラデルフィア管弦楽団やボストン交響楽団の演奏を放送して人気を獲得しました。そこでさらに、一九三七年にイタリアの名指揮者アルトゥーロ・トスカニーニを首席指揮者とするNBC交響楽団を組織してスポンサーの支援なしの自主音楽番組を放送します。

この番組は聴衆から支持されただけではなく、放送された音楽番組をレコードにして発売して会社の経営にも貢献することになりましたが、さらなる効果がありました。一九三〇年代にアメリカが経済恐慌に見舞われた時期に、第三二代ローズベルト大統領はラジオ放送会社を規制しようとしますが、NBCの「トスカニーニ・アワー」が国民に愛好されていることを考慮し、規制をしなかったとされています。

テレビジョン放送に進出

音声の放送が社会に定着すると、今度は映像の放送が目標になりますが、この分野でもサーノフは先行します。まず手掛けたのが映画でした。一九二八年に映画関連の二社を傘下にRKOピクチャーズという映画会社を創設、最初はF・アステアとG・ロジャースが主演するミュージカル映画で有名になりますが、アメリカ映画史上の傑作とされる『キングコング』(一九三三)や『市民ケーン』(一九四一)を制作して成功します。

このような映像制作の能力を基礎に、それを映画劇場ではなく放送で全国に配信するためにサーノフはテレビジョンの開発に全力投球します。しかし先行したのはアメリカではありませんでした。画像を遠方に伝送する技術の開発は一九世紀後半に要素技術が開発され、二〇世紀前半になってロシアのB・ロージング、日本の高柳健次郎、イギリスのJ・L・ベアードなどが画像を電送することに成功しています。

そして一九二九年には英国放送協会（BBC）とドイツの国家放送協会（RRG）が実験放送に成功、一九三六年にベルリンで開催されたオリンピック大会ではテレビジョンで競技の中継が実現しました。アメリカは出遅れましたが、サーノフの努力でNBCが一九三九年に番組の定時放送を開始し、その功績によってサーノフは全米放送事業者協会（NAB）から「アメリカのテレビジョン放送の父」として表彰されています。

テレビジョンを発明した

高柳健次郎

（一八九九—一九九〇）

同時発生の不可思議

北大西洋を処女航海していた豪華客船「タイタニック」が一九一二年四月一四日深夜、氷山に衝突して沈没し多数の乗客が死亡する惨事が発生しました。ところが一四年前、その事故を予言したような小説『無益（フュティィリティ）』をアメリカの作家が発表していました。小説に登場する客船の規模、煙突の本数、乗客の人数なども同数で、名前も「タイタン」という客船が氷山に衝突して沈没するという偶然以上に類似した内容です。

このような偶然の一致をスイスの心理学者K・G・ユングが「シンクロニシティ（同時発生）」と名付けており、科学の発見や技術の開発では数多く発生しています。電話の発明は有名で、アメリカのA・G・ベルとE・グレイが一八七六年二月一四日に、ほぼ同一の技術を二時間違いで同一の特許局に申請しています。ただしイタリアのA・メウッチが一八七一年に特許を取得しており、現在ではメウッチが最初の発明者と認定されています。

登場したテレビジョン

一八世紀に人間が電気を利用できるようになると、それを使用して遠方に情報を伝達する電気通信が工夫されるようになります。最初は文字を伝達するテレグラフ(電信)で、一八三〇年代にはS・モールスが実用になる技術を開発します。さらに音声を伝達するテレフォン（電話）への挑戦が開始され、前述のように一八七〇年代に実現します。一九世紀後半になると、さらなる挑戦は画像を遠方に送信するテレビジョンになります。

その実現には、いくつかの基礎技術が必要でした。画像の伝送のためには画像を細点に分解する必要がありますが、一八八四年にドイツの技師P・ニプコーが多数の細孔のある円板を回転させて画像を細点に分解する「ニプコー円板」を開発します。一方、順番に送信されてきた多数の細点を組立てて画像に復元する表示装置も必要ですが、これは一八九七年にドイツの物理学者K・F・ブラウンが陰極線管を発明しました。

これらを組合わせて画像の伝送に成功したのは、スコットランドの電気技師J・L・ベアードでした。一九二四年二月に半機械式のテレビジョン・システムを科学雑誌に公開、翌年の二五年三月にはロンドンのデパートで一般公開をしています。さらに一〇月には走査線三〇本の画像を毎秒五枚送信することに成功しました。そこで記事にしてもらおうと新聞社を訪問したところ、精神異常の人間と誤解されたという逸話があります。

それ以後、一九二六年一月には走査速度を毎秒一二・五画像に向上させ、新聞記者に実験を公開していますし、二八年にはカラーテレビジョンの公開実験もしています。一方、アメリカでは一九二七年にニューヨークとワシントンの三六二キロメートルの距離で画像の送信に成功していたため、ベアードは対抗して一ヶ月後にロンドンとグラスゴーの七〇五キロメートルの区間で電話回線を利用して画像の送信に成功しています。

やらまいか精神の遠州

そのような時期に日本でシンクロニシティが発生しました。大正天皇が崩御された一九二五年一二月二五日の当日、前年から浜松高等工業学校の助教授に就任していた高柳健次郎がテレビジョン技術の実験に成功したのです。これは動画を送信したのではなく、静止した画面を撮影して送信することに成功したのですが、ベアードの実験と前後する時期でした。その実験の内容は後述しますが、最初に高柳健次郎という人物を紹介します。

高柳は一八九九（明治三二）年に現在では静岡県浜松市になっている静岡県浜名郡和田村安間新田という農村に誕生しました。静岡県内には東海道新幹線の六駅があるほど県域は東西に一六〇キロメートルの細長い地域ですが、明治時代以前には東側から伊豆国（豆州《ずしゅう》）、駿河国（駿州《すんしゅう》）、遠江国（遠州《えんしゅう》）という三国に分割されていました。そして「伊豆餓死・駿河乞食・遠州泥棒」という言葉があったように、住民の性格には地域ごとの特徴がありました。

西端の遠州には「やらまいか精神」という気風がありました。「やってやろうじゃないか」という挑戦精神です。その代表が豊田自動織機を創業した豊田佐吉、本田技研工業を創業した本田宗一郎、日本楽器製造を創業した山葉寅楠《やまはとらくす》、浜松ホトニクスを創業した晝馬輝夫《ひるまてるお》などですが、高柳も同様の精神を発揮した人物です。子供時代は小柄で病弱であったことも影響し、学校の成績は甲乙丙丁という評価の丙丁だけという状態でした。

先端の通信分野に転身

ところが小学校時代に高柳の人生に影響する事件がありました。尋常小学校三年生のとき、日露戦争の日本海海戦でロシアのバルチック艦隊を発見した仮装巡洋艦「信濃丸」の通信担当の水兵が来校し、無線通信を実演したことと、一九一二年のタイタニック沈没の最中の無線通信を傍受したＤ・サーノフが世界に事故を無線で伝達したという情報です。この無線通信に関係する二種の情報が高柳に無線通信という技術を注目させたのです。

尋常小学校を卒業した時期に、父親が養殖場を開設したので、そこの番人をしていましたが、地域の区長が高等小学校に進学するように父親を説得してくれたおかげで地元の学校に進学します。そこで指導された先生の教育で成績も向上したため、教師を目指すようになり静岡師範学校に入学しました。学校での物理の実験などに感動し、さらに上級の学校を目指し、伯母の支援もあり東京高等工業学校の工業教員養成所へ進学しました。

そこを卒業すると数年は工業学校で教師をする義務があり、神奈川県立工業高校の教師になりますが、欧米の通信技術の先端を勉強したいと模索していたところ、夏休み期間に見習い技師として客船の業務を手伝いながら乗船する機会ができました。残念ながら行先が香港などに変更になり、欧米の先端技術に接触はできませんでしたが、一九二二年に新設された浜松高等工業学校の助教授に就任することができました。

その時期、アメリカやヨーロッパではラジオ放送が各地に登場し、日本でも準備が開始されていましたが、新任の学校の関口壮吉校長に音声ではなく映像を放送するテレビジョン放送を研究したいと説明すると、最初は否定されますが、熱心に説明したため研究を許可されるとともに、様々な支援をしてくれることになりました。高柳にとっては生涯の恩人ですが、浜松の「やらまいか精神」が見事に発揮されたということにもなります。

テレビジョンを実現

研究を開始して海外の状況を調査してみると、冒頭に紹介したように、世界では様々な仕組みで画像の送信が研究されはじめていました。しかし海外の情報が十分に入手できない当時の状況から、高柳は画像を撮影する装置として電子式撮像管の開発を目指し、一九世紀末に開発されていたブラウン管で実現しようと悪戦苦闘しますが、半年が経過しても実現の見通しがなく、主任教授から研究中止を命令され、挫折してしまいます。

送信されてきた画像の信号を画像に復元する受像装置にもブラウン管を利用することにして設計はしますが、自分では制作できないため芝浦製作所（現在の東芝）に依頼します。これは順調に一九二四年一〇月に試作品第一号が完成し、これを使用して実験をしたところ、見事に画像を表現することができました。そこで映像の撮影はビアードが実施したように機械装置であるニプコー円板を使用する計画を立案しました。

問題は学校から提供された研究資金は全額使用してしまっており、実験装置を構築する資金が枯渇してしまっていたことです。そこで前年に結婚したばかりの新妻の持参金全額を借用して真空管を購入し、ニプコー円板は丸鋸《まるのこぎり》の材料である鉄製の円盤に自分で穿孔《せんこう》するという状態でした。そして仮名の「イ」という文字を書いた雲母の薄板をニプコー円板の前面に設置し、アーク灯で照射して背後の光電管に信号を送るという仕組みでした。

なかなか成功せず、様々に工夫して実験を繰り返したところ、ついにブラウン管の画面に「イ」という文字が投影されました。撮像は機械装置でしたが、投影は電子装置という快挙でした。一九二五年一二月二五日という大正天皇が崩御された日付でした。撮影も表示も電子技術によるテレビジョン・システムは一九三三年にアメリカのV・ツヴ

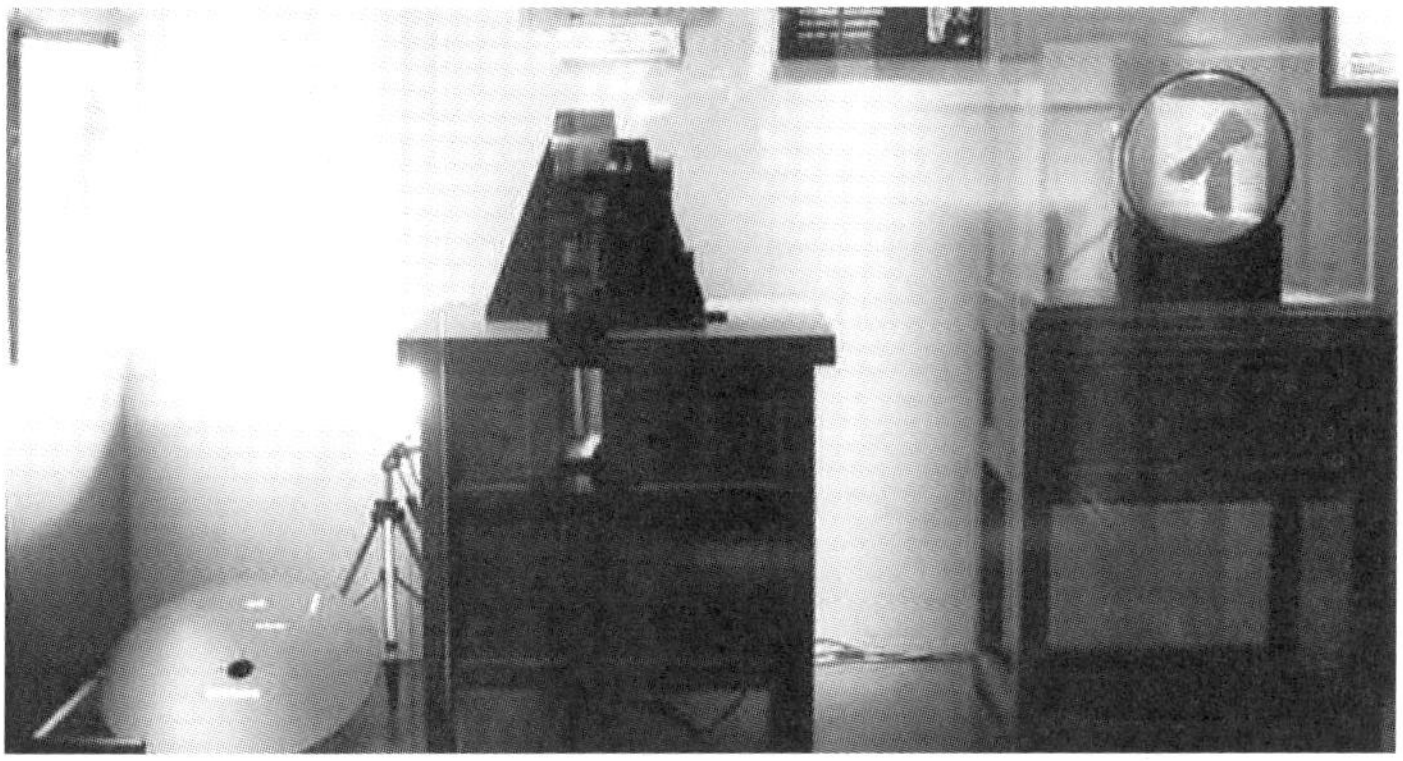

再現された実験装置

ォルキンが開発しますが、世界最初の電子式テレビジョンを開発したのが高柳でした。

戦後は研究と産業に貢献

日本では一九二五年からラジオ放送が開始され、翌年には日本放送協会（ＮＨＫ）が設立される時代でした。高柳は映像の放送も検討していたＮＨＫの放送技術研究所に招致され、自身の助手一〇名と一緒にテレビジョン放送を研究します。目標は一九四〇年に開催される東京オリンピック大会をテレビジョン放送の契機にしようということでした。しかし一九三七年に日中戦争が勃発し、情勢は一変します。

一九四一年に太平洋戦争が開戦し、高柳はレーダー、暗視装置、電波兵器などの開発に従事することになりますが、その結果、戦後は公職追放となり、NHKにも大学にも復帰できない状況になってしまいます。しかし、この稀有な才能を民間企業は放置せず、日本ビクターが弟子とともに招致し、そこで研究を継続し、シャープの国産最初のテレビジョン受像機の開発に貢献します。当時の初任給一年分に相当する商品でした。

それ以後、高柳はビデオテープレコーダーやビデオディスクなどの開発も指揮するとともに、テレビジョン学会を設立するなどして研究と産業を育成し、一九八一年には文化勲章を受章、二〇〇九年にはアメリカ電気電子学会（IEEE）から業績が認定されています。浜松高等工業学校の関口校長に「浜松にいながら東京の芝居を見物できる技術を開発したい」と説明した内容を見事に実現した遠州の「やらまいか精神」を体現した人物でした。

世界で最初に人工雪を実現した

中谷《なかや》宇吉郎

（一九〇〇―一九六二）

恩師は寺田寅彦

「雪は天から送られた手紙である」という言葉は詩人の名言のようですが、生涯「雪」の研究に没頭し、世界で最初に人工雪を生成することに成功した日本の著名な物理学者中谷宇吉郎の言葉です。中谷は世紀が転換する直前の一九〇〇（明治三三）年に、温泉で有名な石川県片山津町（現在は加賀市）に誕生しましたが、学齢になって母方の親戚のある隣町の大聖寺町に転居し、地元の小学校と中学校を卒業しました。

さらに現在の金沢大学の前身の第四高等学校に入学、一九二二年に東京帝国大学理学部物理学科に進学しますが、指導教官は寺田寅彦でした。寺田は一八七八年に東京で誕生、熊本の第五高等学校に入学しますが、そのときの英語教師が夏目漱石でした。それ以後、東京帝国大学理科大学で田中館愛橘や長岡半太郎など著名な学者に指導され、首席で卒業して講師に就任、中谷が出会った時期には教授に昇格していました。

寺田の基本は物理学者でX線の結晶透過の研究などで業績がありますが、博士論文は「尺八の音響学的研究」であり、「金平糖の角の研究」「ひび割れの研究」など統計力学を応用した研究でも成果があり、関東大震災が発生した直後には広範に火災が拡大した原因の分析など、興味のある対象を自由自在に選択して研究していました。さらに漱石の影響もあって、生涯に数一〇冊にもなる随筆を執筆しています。

中谷も寺田の指導で放電現象やX線解析などの実験物理を研究し、一九二五年に卒業してからは寺田が兼務していた国立の研究機関である理化学研究所の研究室員として勤務します。一九二八年からはイギリスの国立大学キングス・カレッジ・ロンドンに留学しますが、その留学期間に前年に結婚したばかりの夫人がジフテリアで死亡する悲劇に遭遇することになります。新婚から一年も経過していない時期でした。

イギリスから帰国した中谷は直後の一九三〇年に札幌農学校を継承した北海道帝国大学に新設されたばかりの理学部の助教授に任命され、札幌に赴任してきました。翌年には京都帝国大学に「各種元素による超波長X線の発生と吸着気体の影響について」という論文を提出し、理学博士となります。恩師の寺田の専門に関係ある分野です。しかし、札幌に着任したからには雪に関係する研究をしようと検討していました。

中世から研究されていた雪

古代から人間は雪という不可思議な自然現象に興味があったと想像されますが、記録があるのはスウェーデンのウプサラの僧侶オラウス・マグヌスによる一五五〇年の素描です。科学の視点から考察したのは天文学者ヨハネス・ケプラーで、一六一一年に発刊された『六角形の雪の薄片』で雪の結晶が六方対称であることを記述しています。さらにルネ・デカルトも『方法序説』（一六三七）に正六角形の雪の素描を記録しています。

一七世紀になって性能の高度な顕微鏡が発明されると、雪は格好の観察の対象となり、様々な分野で活躍したイギリスのロバート・フックは『顕微鏡図譜』（一六六五）に雪の結晶の素描を掲載し、イタリアのドナト・ロセッティは『雪華図』（一六八一）に六〇の結晶を五種に分類した素描を発表しています。日本でも江戸幕府の老中首座で「雪の殿様」との異名もあった土井利位《としつら》は一八三二年に八六の結晶の素描を発刊しています。

『スノー・クリスタルズ』に掲載された写真

中谷に影響した写真集

しかし、札幌に赴任した中谷が雪の研究を決意する一冊の書物が一九三一年に発行されました。アメリカの農業が本業でアマチュア・カメラマンでもあったウィルソン・ベントレーが撮影した雪の結晶の写真を集成した『スノー・クリスタルズ』という書物です。ベントレーは一五歳のときに入手した顕微鏡で雪の結晶を観察して以来、その形状に魅了され、農業のかたわら生涯に五三八一枚の雪の結晶を撮影していました。

その業績に注目した当時のアメリカ気象学会の会長ウィリアム・ハンフリースが尽力し、ベントレーが死亡する直前の一九三一年に二四五三枚の結晶の写真を収録して出版されたのが前述の書物でした。しかし写真撮影では素晴らしい技量のあったベントレーですが、掲載された写真は六角形の六方対象になっている結晶のみで、また写真を意図してトリミングするなど、科学の視点からは十分とはいえない内容でした。

真冬の高山で撮影

そこで中谷は科学の視点から雪の結晶を研究しようと決意します。暖房された研究室内では結晶が溶解してしまうので、大学の建物と建物を連絡する零下一〇度にもなる廊下に実験台や顕微鏡を設置し、上空から降下してくる雪を顕微鏡用のスライドガラスで受けて観察するという作業を繰返しました。子供時代を雪国で生活した経験が役立ったのです。その結果、ベントレーの写真以上の本物に魅了されていきます。

翌年からは真冬になると零下一五度にもなる十勝岳中腹の山小屋「白銀荘」に滞在して観察を開始し、五年もの努力の結果、三〇〇〇枚もの結晶の写真を撮影します。雪の結晶は形状がすべて相違しており、同一のものはないと言われますが、中谷は一八種類に分類して名前を付与し、なぜこのように多種多様の形状が発生するのかを研究しようと決意します。そこで登場してきたのが人工で結晶を生成する研究でした。

人工雪の生成に成功

早速、一九三五年に大学構内に零下五〇度まで室温を低下できる低温実験室を構築し実験を開始します。自然条件で雪が誕生するときは、極微の物質が核（凝結核）となって周囲に氷が付着し、次第に成長して雪の結晶になることは解明されていました。そこで中谷は木綿や羊毛の糸を核として使用しますが、期待するような結果になりませんでした。ところがウサギの毛皮の外套の毛の先端に雪の結晶ができていることに気付きます。

そこで極細のウサギの腹毛を装置の上部に固定し、下部で水を温めて蒸気を上昇させるとウサギの腹毛に接触して結晶になるという装置で実験を繰返し、見事に成功します。さらに条件を様々に変化させて気象条件と結晶の形状の関係などを解明し、一九三八年に『北海道帝国大学理学部紀要』に成果を発表します。そのような業績を背景に、一九四一年には北海道帝国大学に低温科学研究所が設立され主任研究員に就任します。

さらに人工雪発生装置で、実験室内の気温や蒸気を発生させる水の温度を変化させて膨大な実験を繰返し、水蒸気量を縦軸、気温を横軸にし、結晶の形状の変化を表示する「ナカヤ・ダイアグラム」を作成します。それにより、どのような条件で、どのような結晶が実現するかが明確になりました。これは結晶の形状によって上空の大気の状態が推定できることを意味し、冒頭の「雪は天から送られた手紙である」の真意です。

国際社会で活躍

しかし、第二次世界大戦が勃発し、中谷にも軍事研究の圧力が波及してきます。まず軍部から航空機のプロペラへの着氷を防除する研究や滑走路に発生する濃霧を除去する方法の研究が要請されますが、中谷は解決のためには基礎研究が重要であると主張して、応用には熱心でありませんでした。それでも戦後になって、軍事研究に関与したことで学内から批判され、自身で設立した低温科学研究所を退職することになります。

そこで一九四八年に科学映画『霜の花』や『大雪山の雪』などを製作し、それらに協力した仲間とともに「中谷研究室プロダクション」を設立しますが、これが「岩波映画製作所」の前身となり、日本の科学映画の発展に貢献します。一九五二年にはアメリカの氷雪凍土研究所の研究員として家族とともに渡米し、ハワイにある標高四一六九メートルのマウナ・ロアの山頂に登山して凝結核のない雪の結晶を研究しています。

一九五七年にはアメリカの国際地球観測年の遠征隊に参加してグリーンランドに調査に出掛けて、長年の積雪が何層も重複して自重で氷に変質した「氷冠」の研究をし、以後、一九六〇年まで毎年、グリーンランドの北緯七八度の氷上で観測を継続してきました。中谷の研究が国際社会で評価されていた証拠ですが、残念ながら前立腺癌が発見されれ手術をしますが完治せず、一九六二年に逝去しました。六一歳でした。

一九三一年に再婚した夫人の静子との間に一男三女が誕生しますが、次女の中谷芙二子（二〇二二年度文化功労者）は人工の霧を発生させる環境芸術の先駆となり、一九七〇年に開催された「日本万国博覧会」では実演をしています。まさに父親の研究を継承した人物です。北海道大学の構内には、中谷の業績を象徴する六角の石碑が設置されていますし、誕生の土地である石川県加賀市には「中谷宇吉郎・雪の科学館」が設立されています。

命令に違反して多数の人命を救済した

杉原千畝《ちうね》

（一九〇〇―一九八六）

リトアニアという国家

北欧のバルト海の東側にバルト三国と総称されるエストニア、ラトビア、リトアニアという国家があります。人口は一三三万人、一八九万人、二八〇万人で、面積もそれぞれが九州と四国を合計したほどの小国です。これら三国の東側はロシアとベラルーシ、南側はポーランドという大国に隣接する位置にあり、複雑な歴史を経験してきました。この最南に位置するリトアニアに関係する有名な人物を今回は紹介します。

リトアニアに最初の国王が誕生したのは一二五三年とされ、一四世紀にはヨーロッパで最大の面積を領有する国家に発展します。以後、周辺の国々からの侵略などにより苦難の歴史を経験し、一九一八年にリトアニア王国、さらにリトアニア共和国として独立しますが、一九三九年にナチスドイツとソビエトが侵攻し、一九四〇年に独立を喪失します。以後、苦難の独立運動の結果、一九九一年に独立しました。

カウナスの領事代理

この一九四〇年の混乱の時期にリトアニアで活躍した杉原千畝という日本人外交官がいます。一九〇〇年に岐阜県上有知町《こうずちまち》（現在は岐阜県美濃市）の税務官吏の杉原好水の子供として誕生します。小学生時代から成績優秀で、一八年に早稲田大学高等師範部英語科予科に入学しますが、生活に困窮していたため、外務省留学生試験を受験し、一九年に官費留学生となり中華民国のハルピン学院に留学してロシア語を勉強します。

成績優秀であったため二四年には講師になり、ロシア人の女性と結婚します。流暢な言葉を駆使するため、関東軍が杉原にスパイになるように要請しますが、拒否したため、結婚したロシア人女性はソビエトのスパイであるという風説を流布され、離婚することになってしまいました。帰国して菊池幸子と再婚しますが、離婚した相手に多額の金銭を支払ったため結婚の記念写真も撮影できないほどの貧困生活での出発でした。

一旦帰国した杉原はモスクワの日本大使館に赴任する予定でしたが、前妻がロシア人であったことが影響してソビエトが杉原の赴任を拒否したため、一九三七年にフィンランドのヘルシンキにある日本公使館に赴任しました。さらに二年後の三九年八月にリトアニア共和国の臨時の首都カウナスの日本領事館に領事代理として着任します。翌月にはソビエトが隣国のポーランド東部に侵攻を開始する切迫した時期でした。

この時期にはドイツの全権を掌握したA・ヒットラーがユダヤ人迫害を開始しており、多数のユダヤ人難民が極東へ避難すると予想されていました。実際、一九四〇年七月にはドイツがポーランドを占領したため、多数のユダヤ人がリトアニアにある各国の大使館や領事館からビザを取得しようと殺到してきましたが、大半の国々が大使館や領事館を閉鎖していたため、閉鎖していなかった日本領事館にユダヤ人が殺到してきたのです。

訓令を無視してビザを発給

ポーランドでのユダヤ人の迫害状況を熟知していた杉原は殺到してきたユダヤ人の代表と話合い、数人なら自分の判断でビザを発給できるが、多数では独自に判断できないと説明し、日本の本省に「ソビエトを鉄道で横断するのに二〇日、そこから日本に移動して最大三〇日滞在して第三国に移動するビザを発給することの許可」を電報で請訓しますが「目的国の入国許可を取得している人間にのみ発給せよ」という返答でした。

しかし公邸の周囲に多数の難民が殺到している状況を目撃した杉原は本省からの訓令に違反し、領事の権限でビザを発給する決断をし、受給要件を満足していない人々にも独断でビザを発給していきました。日本の本省からは「日本を経由して第三国へ移動するリトアニア人で、必要な金銭を所持せず、第三国の許可書類がない場合は上陸を許可できない」など注意されますが無視して発行していきました。

当初は一人一人に面接し、目的国の入国許可証の有無、旅行に必要な金銭の有無を確認していましたが、大量の人々が館外に殺到している状況から時間の節約のため次々と発行し、手数料の徴集も廃止しました。また開設したばかりの領事館には印刷したビザの用紙も用意されていなかったため、すべて手書きで発行していきました。やがて万年筆が故障してペンとインクになり、閉館時間になると疲労困憊という状況でした。

ソビエトからは何度も退去命令が送付され、日本の外務省からも領事館退去命令が到達しましたが、それらを無視してビザの発行を継続していました。さらに杉原の人間性を象徴しているのは夫人の幸子に手伝わせなかったことです。万一、ドイツに逮捕された場合、手伝っていれば刑罰の対象になることに配慮したためです。約四〇〇〇人分のビザを発行して体力は限界に到達し疲労困憊でしたが、それでも継続しました。

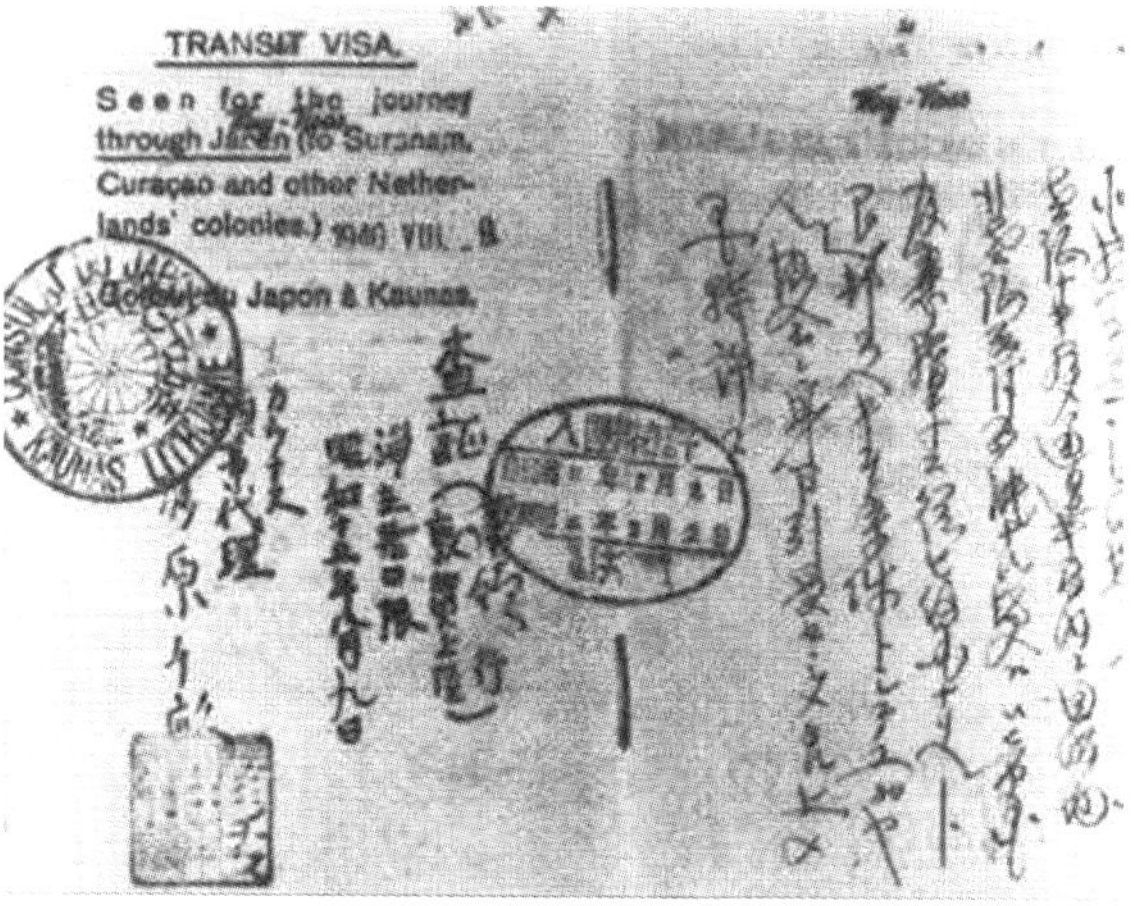

手書きのビザ

しかし、八月二八日に領事館を閉鎖してベルリンに移動することを命令する電報が外務省から到達、ついにビザの発給業務を中止せざるをえませんでした。そこで機密書類を焼却し、荷物を整理して退去することになります。後半には時間の節約のためにビザの発行状況を記録しなかったため、正確な発行枚数は不明ですが、一枚で帯同可能な家族の人数も合計すると約六〇〇〇人分のビザを発行したと推定されています。

しかし、杉原が発行したビザを入手できたユダヤ人難民のすべてがシベリア鉄道で極東まで到達できたわけではありませんでした。外貨不足であったソビエトは高額の乗車料金を設定しており、急遽、逃避してきた人々が支払える金額ではありませんでした。乗車できない人々はドイツの軍隊に逮捕されて強制収容所に移送されて絶命しており、とりわけカウナスのユダヤ人社会は甚大な被害に遭遇したとされています。

帰国して外務省を退職

領事館の整理を終了して九月一日にカウナスから国際列車でベルリンに出発しますが、列車の到着を待機している時間にもビザを要請されて発行していました。列車がカウナスを出発するとき、何人ものユダヤ人が「バンザイ・ニッポン」という歓声とともに杉原を見送ったとされています。しかし、日本の外務省では国際関係が切迫している時期に多数の難民が日本に到来したことを迷惑とし、杉原は叱責されていました。

カウナスの日本領事館が閉鎖されて以後、杉原はフィンランドやルーマニアなどの公館で勤務しました。一九四五年の終戦とともにソビエトに身柄を拘束されますが、翌年、帰国が許可され、オデッサ、モスクワ、ナホトカ、ウラジオストックとソビエト領内を転々と移動し、ようやく四七年に博多に入港しました。しかし、リトアニア領事時代に規律違反でビザを発給したことが原因で一九四六年に外務省を退職していました。

ようやく認知された杉原の勇気

それ以後は民間の企業を転々として苦労しますが、リトアニアでの杉原の行動は日本の外務省が無視していたため社会に公開されないままでした。しかし一九六八年になって杉原の発行したビザを受給して国外に逃亡できたイスラエル大使館の参事官Y・ニシュリが杉原の連絡先を発見して面会し、さらに翌年、杉原がイスラエルで宗教大臣Z・バルハフティクに面会し、ビザ発給の真相が明確になり、大臣が驚嘆します。

しかし日本では依然として杉原の行動は公開されず、それを批判する意見が登場するようになります。ドイツの記者G・ダンプマンは著書『孤立する大国ニッポン』(一九八一)で「なぜ日本政府が杉原を表彰せず、教科書は若者の手本とせず、新聞やテレビジョンも題材としないのか」と記載しています。ようやく一九八三年にフジテレビが「運命をわけた一枚のビザ・四五〇〇のユダヤ人を救った日本人」という番組を放送しました。

一九八五年には多数のユダヤ人の生命を救出した功績で、イスラエル政府が「自身の生命を危険にしながらユダヤ人を救済した正義の非ユダヤ人」を顕彰する「諸国民の中の正義の人」として杉原を顕彰しました。このような国際社会の行動を背景に日本政府も二〇〇〇年に杉原の名誉を回復し、当時の河野洋平外務大臣が「ナチスによるユダヤ人迫害という極限的な局面で人道的で勇気のある判断をされた」と演説をしています。

外国でも様々な顕彰活動が登場します。一九九一年にリトアニアがソビエトから独立したときには、杉原が勤務していた日本領事館の前面の大通りを「スギハラ通り」と命名、イスラエルではユダヤ民族の恩人を顕彰して杉を植樹した森林公園を建設しています。現在でも国家の方針に反抗するには勇気が必要ですが、社会が緊張している戦争直前に政府や軍部の意向に反抗した杉原の人道重視の勇気は素晴らしいものでした。

アイヌ民族の精神を体現した

知里幸恵《ゆきえ》

（一九〇三―一九二二）

世界に多数存在する先住民族

約二〇万年前にアフリカ大陸に登場した現在の人類の祖先ホモ・サピエンスはグレート・ジャーニーと名付けられた移動に出発し、南極大陸以外の大陸に分散していきました。その一部は氷結したベーリング海峡を横断し、一万年前に南米大陸の南端に到達しました。このヤーガンと名付けられた人々は一九世紀に進出してきた西洋の人々に殺戮されたりして減少し、その最後の一人が二〇二二年に死亡し、消滅してしまいました。

このように人類が世界に浸透して行く過程で、未開の土地に最初に到達した人々は先住民族と名付けられ、一九九二年十二月に国際連合の「先住民族についての作業部会」により「外部の地域から異質の文化をもつ異質の人々が到来し、地元住民を支配し圧倒して人口を減少させ、非支配的な立場や植民地的状況にしてしまった時代に、現在の居住地域に生活していた人々の現存する子孫」と定義されています。

現在も世界の九〇カ国以上に五〇〇〇以上の先住民族が生活し、その人数は合計すると三億七〇〇〇万人以上、すなわち地球の人口の五%程度と推定されています。筆者は世界の三〇以上の地域に生活する先住民族を訪問し、それらの人々の歴史と文化を紹介し、現在の社会が再考すべきことを検討するテレビジョン番組を制作した経験がありますが、その一連の番組の最後に紹介したのが日本に現在も生活するアイヌ民族です。

日本の先住民族アイヌ

世界の先住民族の大半が文字による記録のない文化を維持していたため、その歴史には不明な部分がありますが、アイヌ民族も同様でした。江戸時代以前には蝦夷地と名付けられていた北海道から樺太方面と千島列島方面の広大な地域に生活していましたが、明治時代になって日本政府は北方からの脅威に対抗する目的もあり、一八六九（明治二）年に蝦夷地を正式に日本の国土にし、名称も北海道としました。

そして一八九九（明治三二）年に日本政府は「北海道旧土人保護法」という法律を制定します。アイヌ民族は広大な土地を利用して狩猟採集で生活していましたが、新規に本土から入植してくる人々は農業牧畜を生業にするため一定の土地を私有する必要がありました。その入植してくる人々が増加すると、土地問題が発生するようになり、アイヌの人々に土地を分譲し農業を生業にするように強制するのが法律の目的でした。

素晴らしい能力の才女

このような時代の転換が開始した直後の一九〇三（明治三六）年に室蘭本線の登別駅と豊浦駅の中間にある場所で、土地の有力な家系の一員である知里高吉と金成ナミの長女として誕生したのが今回紹介する知里幸恵です。夫妻は子供時代から知合いの仲でした。しかし、一八八九（明治二二）年にアイヌ民族の生業であった原野での狩猟も河川での漁業も禁止され、必死で不慣れな農業をする生活に転向しました。

そのため幸恵は祖母になるモナシノウクとともにアイヌ民族の伝統ある言葉、食事、衣類で生活することになりますが、これがアイヌ民族の精神を伝承する『アイヌ神謡集』の執筆の背景になります。しかし、幸恵が六歳になった一九〇九（明治四二）年に、母親の姉になる伯母の金成マツが聖公会伝道師として生活する旭川にモナシノウクとともに移住し、以後、登別に帰還することはありませんでした。

マツが奉職する聖公会教会は旭川の中心から八キロメートル郊外にあるアイヌコタ

知里幸恵と金成マツ

ン（集落）にあり、翌年、幸恵は市内にある上川第三尋常小学校に入学しました。成績優秀のため、一九一六（大正五）年には上川第三尋常高等小学校高等科、翌年には創設されたばかりの旭川区立女子職業学校に四番という素晴らしい成績で入学します。数学、図画、作文は一番、音楽も裁縫も優秀でしたが、いつも優秀なアイヌという評価に傷付いていました。

金田一京助との出会い

その旭川で、幸恵の仕事がアイヌ文化を世間に認知させせる契機となる素晴らしい出会いが発生しました。イギリスの宣教師でアイヌ文化を研究し、アイヌ民族の救済にも尽力したジョン・バチェラーの紹介で、アイヌ文化を研究していた金田一京助が一九一八（大正七）年夏に旭川にマツを訪問してきたのです。マツ、モナシノウク、幸恵が歓迎し、モナシノウクがユカラを演奏し、話題は神話や伝説にまで発展していきました。

次々と提供される豊富な話題に金田一は熱中し、気付いたときには最終列車が出発してしまっていました。そこで隣家のアイヌ学校の校長の自宅に宿泊してもらおうと依頼したところ、夫人が病気で対応できないとのことで、金田一はマツの住居に宿泊することになりました。一張りしかない蚊帳に金田一の布団を用意し、三人の女性は一睡もせずに炉辺で一晩を過ごしたこと知り、金田一は落涙したという逸話も伝承されています。

出発間際になって、幸恵が「先生は貴重な時間と金銭を消費してユカラのために尽力しておられますが、ユカラはそれほど価値があるものでしょうか」と質問しました。金田一は「世界に自慢できる叙事詩であり、ギリシャやローマの文化に匹敵するユカラを維持しているアイヌ民族は劣等民族ではなく、貴重なアイヌの言葉は人類の宝物です。自分は財産すべてを費消してもいいという覚悟で研究しています」と返答しました。

幸恵は涙目で「私達はアイヌのことは何事も恥ずかしいことばかりと思っていました

が、いま、先生の言葉で目覚めました。これを機会に祖先が伝承してきたユカラの研究に邁進したいと思います」と返答したといわれます。これは金田一が何度も回顧している対話ですが、幸恵の人生の方向が決定した瞬間でもありました。それから四年後に、幸恵が上京して金田一の自宅に寄宿するまで、文通が継続します。

後世に遺贈された『アイヌ神謡集』

しかし、この幸恵が自分の役割に目覚めた時期に、未来に暗雲が登場してきました。金田一と出会った翌年は旭川国立女子職業学校の最終学年でしたが、幸恵は体調不順で休学状態になり、ようやく卒業して医師に診断してもらったところ、病状は慢性気管支炎で、心臓は僧帽弁狭窄症であると宣言されたのです。金田一は幸恵を東京の学校に入学させようと期待していましたが、その体調では困難ということになってしまいました。

そこで金田一は後世への記録として、どのような内容でも自由に記載するようにと一九二〇年に三冊の大学ノートを幸恵に送付しました。感激した幸恵はほとばしる気持ちで、十分な暖房もない部屋で次々とアイヌの叙事詩であるカムイユカラを記録し、翌年に最初の一冊を東京の金田一に発送しました。それまで金田一は自身でもカムイユカラを記録していましたが、はるかに正確で立派な内容が記載されており、感動します。

それ以後も幸恵から送付されてきた内容の重要さを認識した金田一は原稿を『アイヌ舊話集』という書名で発刊する段取りをすると同時に幸恵を上京させるように手配します。明確な事情は不明ですが、地元での結婚の予定が順調ではないこともあり、幸恵は一九二二（大正一一）年五月に室蘭から青森に海路で移動、青森から鈍行列車で二日をかけて上野に移動し、五月一三日に出迎えの金田一とともに金田一宅に到着しました。

金田一にも夫人の静江や言語学者となる長男の春彦などにも親切にされますが、不慣れな生活で八月には胃痛と心臓発作になり寝込んでしまいます。医師の診断では、やはり「僧帽弁狭窄症」と診断され、残酷なことに結婚不可とも判断されてしまいました。それでも『アイヌ神謡集』の出版の工程は順調に進行し、校正作業を完了しますが、その翌日に容態が急変し、帰郷することなく東京に移動して一二九日目に死亡しました。

知里幸恵の遺言

まだ当時の日本ではアイヌ民族への偏見は色濃く存在しており、『女学世界』という雑誌に幸恵が登場するときに、編集者が幸恵をアイヌであることを明示しないよう配慮しようとしたところ、それは侮辱にもなる余計な配慮だとして、日記に「私はアイヌであったことを喜ぶ。私がもしかシムサ（和人）であったら湿ひの無い人間であったかも知れない。しかし私は涙を知っている。それは感謝すべき事である」と記述しています。

このようにアイヌ民族の出身としての明確な自覚というよりは使命を意識していた幸恵が伝達したかったアイヌの世界は『アイヌ神謡集』に展開されている多数の伝承からも理解できます。彼女があまりにも短命な人生と交換に執筆した一〇〇〇字強の序文は感動する文章です。その一部を抜粋して、一九年という短命でありながら、神業のような仕事を遂行して逝去した女性の遺言ともいうべき心情を最後に紹介します。

その昔この広い北海道は、私たちの先祖の自由の天地でありました。天真爛漫な稚児のように、美しい大自然に抱擁されてのんびりと楽しく生活していた彼等

は、真に自然の寵児、何という幸福な人だちであったでしょう。（中略）
太古ながらの自然の姿も何時の間にか影薄れて、野辺に山辺に嬉々として暮らしていた多くの民の行方も亦いずこ。（中略）
時は絶えず流れる、世は限りなく進展してゆく。激しい競争場裡に敗残の醜をさらしている今の私たちの中からも、いつかは、二人三人でも強いものが出て来たら、進み行く世と歩を並べる日も、やがては来ましょう。（後略）

人類史上最高の知能とされる

ジョン・フォン・ノイマン（一九〇三―一九五七）

天才を輩出するハンガリー

資産の順位、成績の順位など、人間は比較することに関心があります。その一種として二〇世紀になってから開始された知能の比較があり、知能指数（IQ）が有名です。これは同一年代の人間を対象に同一内容の試験を実施し、最低の点数から最高の点数までを順番に整理して平均点数を一〇〇にすると、八五から一一五の区間に全体の六八％、七〇から一三〇の区間に九五％が存在する正規分布になることを基準に算定しています。

最近では知能指数を疑問や否定する傾向にありますが、知能指数検査が存在しない時代の天才の知能指数を推定した結果がいくつか発表されています。一例として、G・ガリレイ（一八五）、I・ニュートン（一九〇）、A・アインシュタイン（一九〇）、L・ダヴィンチ（二〇五）、N・テスラ（二四〇）、E・ガロア（二五〇）などですが、様々な推定で一位になっているのが異常な天才ジョン・フォン・ノイマン（三〇〇）です。

ヨーロッパ中央にハンガリーという国家があります。九〇％近い国民がマジャル民族で、周辺の国々と相違して名前は名姓の順番ではなく姓名の順番で表記します。ここには一九世紀以後だけでも多数の天才が登場し、航空工学の基礎を構築したT・カルマン、水爆の開発に貢献したE・テラー、情報企業インテルを発展させたA・グローブ、ホログラフィを開発したD・ガボールなどが有名ですが、傑出した人物がノイマンです。

幼児の時代から天才

一九〇三年にハンガリーの首都ブダペストの裕福な家庭に三人兄弟の長男として誕生し、幼児のときから英才教育でラテン語とギリシャ語を習得し、父親と古典ギリシャ語で冗談を交換できるほど語学には才能がありました。記憶能力も抜群で、W・オイケンの執筆した全四四巻の『世界史』を読了し、どの項目も暗唱できたし、C・ディケンズやJ・W・ゲーテの小説も任意のページを一字一句間違えず暗唱することもできました。

数学にも異常な能力を発揮し、六歳で八桁と八桁の掛算を暗算でき、微分積分も八歳で習得しています。電話帳の任意のページを一瞥し、掲載されている番号の合計を暗算で計算したという伝説もあります。この時代に、同郷で一歳年上のE・ウイグナーが複雑な計算能力を必要とするクイズを質問したところ、ノイマンは数秒で回答しましたが正解でした。ウイグナーが驚嘆したところ無限級数を計算しただけという返事でした。

ウイグナーも戦後になってノーベル物理学賞を受賞した天才ですが、この世代に多数の天才がハンガリーに出現したのは何故かと質問されたとき、その質問は間違いで、天才はノイマン一人だと回答しています。しかし苦手な分野がなかったわけではなく、七歳のときに父親がフェンシングを練習させましたが上達しませんでしたし、音楽の家庭教師からピアノやチェロの練習をさせられましたが、これにも関心がありませんでした。

数学教授を驚嘆させた博士論文

一二歳になって「アウグスト信仰の福音学校」に入学しますが、担任の教師がノイマンの数学の才能に気付き、父親に高度な数学を勉強させたほうがいいと進言したため、ブタペスト大学の何人かの数学教授がノイマンの家庭教師になって数学を教育しました。その結果、一七歳になったときにブタペスト大学の数学教授と共同で論文を執筆し、ドイツの数学学会の雑誌に掲載されています。それでも苦手がありました。

父親が学校に数学以外の科目も勉強させてくれるように依頼したので、すべての科目を受講します。大半の科目は最高の成績でしたが、習字・体育・音楽は合格すれすれでした。それでも卒業試験は首席で合格しています。一八歳になった一九二一年にブダペスト大学に入学して数学を勉強しますが、父親が実用になる学問も研究させたいと要望したので、ベルリン大学とチューリッヒ工科大学で化学工学も勉強しました。

いずれも優秀な成績で、二三歳になった一九二六年に数学・物理・化学の博士号を授与されています。その数学の博士論文に近代数学の元祖とされるゲッティンゲン大学のD・ヒルベルト教授が感嘆し、その弟子になりますが、素晴らしい能力のため一九二七年にはベルリン大学の講師に就任します。ところがドイツではナチスが勢力を拡大してきたため、ノイマン一家はアメリカに移住する決意をしました。

プリンストン高等研究所の教授

アメリカの東部にある人口三万人弱の都市プリンストンには一七四六年に創設され、アメリカで四番目に歴史のある有名なプリンストン大学が存在します。如何に素晴らしい大学であるかは、二〇一九年までにノーベル賞受賞者が六八名（物理学賞は二〇名）、

プリンストン高等研究所

数学の分野の最高の賞とされるフィールズ賞受賞者が一五名という数字が証明しています。世界の理系の大学の評価でも何度も首位になっている有名大学です。

そのプリンストンに、百貨店経営に成功したバンバーガー兄弟が資金を提供し、一九三〇年にプリンストン高等研究所が創設されました。ここは世界の最高水準の学者を招致することで有名で、これまでもA・アインシュタイン、H・ワイル、R・オッペンハイマー、湯川秀樹など著名な学者が招致されていますが、創設とともに教授として招致されたのがノイマンでした。いかに注目されていたかが理解できます。

それを契機にノイマンはアメリカに移住しプリンストンを拠点にします。本来は数学理論が専門でしたが、ナチスとの戦争になれば応用数学が重要になると判断し、数値解析を研究するようになります。さらにアメリカ陸軍に志願しますが採用されませんでした。当時、ノイマンの恩師の一人である航空工学の大家T・フォン・カルマンが陸軍の研究施設の所長であり、ノイマンに純粋に研究してほしかったからとされています。

その期待に対応した一例が「ゲーム理論」です。ノイマンとほぼ同年にドイツに誕生しウィーン大学の経済学部教授であったO・モルゲンシュテルンもナチスのオーストリア併合を機会に一九三八年からプリンストン大学の教授に就任していました。そこで二人は人間が意思決定する仕組みを数学理論で説明する共同研究をし、一九四四年に『ゲーム理論と経済行動』として発表します。これは現在も利用されている理論です。

原子爆弾の研究に参加

ドイツと欧米諸国との関係はさらに悪化し、一九三九年九月にドイツがポーランドに侵攻を開始した結果、イギリスとフランスがドイツへ宣戦布告し、第二次世界大戦が勃発します。そのような時期に、ドイツが原子爆弾の開発に着手しているとの情報から、アメリカも対抗して原子爆弾を開発する「マンハッタン計画」を一九四二年に開始します。そこで化学工学を専攻した経験のあるノイマンは、この計画に参加します。

原子爆弾の材料となるウランの精製工場はテネシー州オークリッジに建設され、爆弾の研究と製造はニューメキシコ州ロスアラモスの国立研究所で実施されることになります。ここでは理論について物理学者R・オッペンハイマーが指揮し、その配下にN・ボーア、H・ベーテ、E・フェルミ、R・ファインマンなどノーベル賞受賞者が勢揃いし、ノイマンも参加しました。さらに計算作業のため名門大学の学生も召集されました。

この計画に使用する計算機械の能力に不満であったノイマンは砲弾の弾道計算をするためペンシルバニア大学が開発していたENIACという真空管式コンピュータの開発を応援します。しかし一万七〇〇〇本の真空管で構成される機械には弱点がありました。第一は大量の電力を消費することです。この装置を稼働すると大学周辺の家庭の電灯が薄暗くなるほどでした。これは後年、トランジスタの開発の要因になりました。

第二は特定の計算をするためには、それぞれに対応して機械の配線を変更する必要があったことです。実際、配線の変更には約一五分が必要でしたが、計算時間は三秒という状態でした。そこでノイマンは計算のための数値だけではなく、計算数式も最初から記憶させておくプログラム内蔵方式を提案し、一気にコンピュータの利用効率を向上させました。これは現在のほとんどのコンピュータに採用されている仕組みです。

戦後になってからもノイマンは数多くの国家の重要な役割に任命され、能力を発揮します。一九五三年に就任したアイゼンハワー大統領が設立した五名で構成される原子力エネルギー委員会の委員に任命されていますし、アメリカ空軍に設置された通称「フォン・ノイマン委員会」を主導し、戦局を左右する気象予測の精度向上という理論分野だけではなく、空軍の戦略ミサイルの開発にも多大の貢献をしています。

残念ですが、この巨人も放射線の威力には対抗できませんでした。被曝による人体への影響が十分には解明されていない時代でもあり、戦中には原子爆弾の開発をしていたロスアラモス国立研究所での仕事や戦後の太平洋上での原子爆弾の実験に参加したことなどの影響で一九五五年にガンが発見され、翌年には首都ワシントンにあるウォルターリード病院に入院しますが、一九五七年二月に死去しました。五三歳でした。

月尾 嘉男 つきお よしお

1942年生まれ。1965年東京大学工学部卒業。工学博士。名古屋大学教授、東京大学教授などを経て東京大学名誉教授。2002‒03年総務省総務審議官。

コンピュータ・グラフィックス、人工知能、仮想現実、メディア政策などを研究。全国各地でカヌーとクロスカントリースキーをしながら、知床半島塾、羊蹄山麓塾、釧路湿原塾、信越仰山塾、瀬戸内海塾などを主宰し、地域の有志とともに環境保護や地域振興に取り組む。

主要著書に『日本　百年の転換戦略』(講談社)、『縮小文明の展望』(東京大学出版会)、『地球共生』(講談社)、『地球の救い方』『水の話』『先住民族の叡智』(遊行社)、『100年先を読む』(モラロジー研究所)、『誰も言わなかった！本当は恐いビッグデータとサイバー戦争のカラクリ』(アスコム)、『日本が世界地図から消滅しないための戦略』(致知出版社)、『幸福実感社会への転進』(モラロジー研究所)、『転換日本 地域創成の展望』(東京大学出版会)、『清々しき人々』『凛々たる人生 ―志を貫いた先人の姿』『爽快なる人生 ―時代に挑戦した先人たち(遊行社)』など。最新刊は『AIに使われる人 AIを使いこなす人 ―情報革命に淘汰されないための21の視点』(モラロジー道徳教育財団)。

意志ある人生
時代を先導した先人たち

2024年５月21日　初版第１刷発行

著　者　月尾　嘉男
発行者　本間　千枝子
発行所　株式会社遊行社

191-0043 東京都日野市平山1-8-7
TEL　042-593-3554　FAX　042-502-9666
http://hp.morgen.websaite

印刷・製本　株式会社エーヴィスシステムズ

 ISBN978-4-902443-76-9